Asia Menor

Carlos A. Aguilera
Asia Menor

bokeh ✳

© Carlos A. Aguilera, 2016
© Fotografía de cubierta: W Pérez Cino, 2016
© Bokeh, 2016
   Leiden, NEDERLAND
   www.bokehpress.com

ISBN 978-94-91515-17-0

Todos los derechos reservados. Cualquier forma de reproducción, distribución, comunicación pública o transformación de esta obra sólo puede ser realizada con la autorización de sus titulares, salvo excepción prevista por la ley.

A manera de… 7

Retrato de A. Hooper y su Esposa 11
Das Kapital 49
Mao 81
Cronología 87
nabokov. una biografía 95

Addenda: dos entrevistas
    Cuba años noventa | Idalia Morejón Arnáiz 125
    Memorias de la clase muerta | Bibiana
    Collado Cabrera 145

Notas 153

A manera de...

A diferentes velocidades y bajo efectos diferentes, *Asia Menor* recoge mi poesía de varios años. Específicamente, la que se abre con mi primer libro publicado en 1995 y llega hasta finales de siglo, cuando la tensión política, económica y literaria en la isla se hizo cada vez más fuerte y a mí (a todos) se nos hizo cada vez más difícil escribir... Sirva esta nota entonces como constancia de que este libro es un libro de guerra. Un libro contralírico y antitradición, tanto en su versión Mercado como en esa que practican los países totalitarios con su nefasta Política Cultural. Un libro con «poquita» salud.

C.A.A.

Retrato de A. Hooper y su Esposa

A Carmen, la granjera

Prólogo

Retrato de A. Hooper y su esposa *es una máquina. Mejor: ha sido «construido» de la misma manera que se construye una máquina: por piezas, por acoples. Su lógica, es la siguiente: elaborar un* relato *que se sitúe en el afuera del pensar-Institución. Elaborar, un* relato, *que se sitúe (en el afuera) de lo que ha sido pensado como Institución. De ahí, su verticalidad, su conceptualismo. Esa manera mecánica de colocar* LaEscritura. *De ahí, su «problema».*

En la Literatura Cubana apenas hay: problemas. Quiero decir: apenas existe la Literatura como Problema. Como Juego. Como Transgresión. Como Goce. Todo ha sido centralizado. Llevado a su máximo de Ontologización. Todo ha sido convertido en Territorio. *Territorio que ha devenido parcela-ridícula-de-aburrimientos. Territorio, que ha devenido, estancamiento-edípico-del-saber.*

Si me preguntaran (si, acaso me *preguntaran) la manera, o: las maneras, en que debe leerse este* poema, *respondería (como Nietzsche): de una manera cínica y eficaz. De la misma manera en que (por la noche) abofeteamos a nuestra esposa, y, a la mañana siguiente (dientes-limpios, rostro-bien-afeitado) le pedimos que nos prepare (con dulzura) el desayuno.*

La
tarde
en
que
Hooper
,
Andrew
alias
«
el
granjero
»
Hooper
(
como
había
subrayado
su
esposa
en
la
toilette
de
una
librería
de
Ohio

)
mostró
(
por
única
ocasión
)
su
«
Libro
de
comentarios
sobre
Nietzsche
»
o
,
su
Libro
de
síntomas
sobre
Nietzsche
(
como
después
refirió
en
ese
largo
y

,
autobiográfico
poema
Retrato
de
A
.
Hooper
y
su
esposa
)
no
pudo
,
siquiera
,
definir
,
el
valor
político
de
su
libro
,
y
,
por
lo
tanto

,
el
valor
—
llamado
—
exacto
de
su
libro
,
objeto
,
que
él
,
consideró
,
durante
un
tiempo
:
máquina
evidente
de
capital
,
y
,
ahora
,

con
el
tiempo
,
sólo
era
,
una
:
máquina
discreta
de
capital
,
por
lo
que
Hooper
,
el
granjero
y
,
filósofo
Hooper
,
desechó
todos
los
permisos
para

la
venta
pública
de
su
libro
,
calificándolo
de
*bloque
vomitoso
para
ratas*
,
y
,
de
«
bloque
con
hemorroides
para
ratas
»
,
y
,
accedió
,
a
las

2
parcelas
medianas
de
tierra
,
que
,
le
ofrecieron
,
los
granjeros
de
La
zona
(
lugar
sistemático
de
orden
y
,
centrado
en
el
orden
)
para
que
pudiera

atender
sus
vacas
,
o
,
pudiera
disponer
de
sus
vacas
(
como
después
quedó
escrito
en
ese
largo
y
,
autobiográfico
Retrato
)
y
,
como
después
quedó
escrito
en

un
2do
.
libro
sobre
el
movimiento
de
los
enfermos
en
Jena
,
y
,
sobre
la
enfermedad
descrita
:
movimiento
en
sus
vacas
,
que
,
según
Hooper
,
granjero

y
,
filósofo
(
a
la
vez
)
daban
respuesta
con
su
desplazamiento
,
a
,
la
pregunta
o
,
a
todas
las
preguntas
que
había
formulado
la
metafísica
y
,

la
historia
hasta
ese
momento
,
y
,
a
todas
las
preguntas
sobre
el
ser
,
que
Nietzsche
,
en
un
momento
(
digamos
:
clínico
)
tuvo
que
tachar
por

problemas
sin
solución
,
o
,
como
afirmó
posteriormente
Hooper
:
«
caja
cerrada
del
pensar
»
,
para
así
dejar
sin
preguntas
a
los
granjeros
de
La
zona
,
y

,
a
las
familias
de
*La
zona*
,
que
de
una
forma
u
otra
,
han
considerado
ese
lugar
,
como
un
locus
evidente
de
orden
y
,
no
,
como

un
locus
donde
se
pudiera
pensar
el
orden
,
como
escribió
Hooper
en
la
Introducción
2da
.
a
su
2do
.
libro
y
,
como
refirió
,
después
,
en
ese

poema
«
Retrato
»
o
,
en
ese
«
Retrato
»
poema
,
donde
acopla
(
por
así
decir
)
síntomas
extraídos
del
Cartero
Cheval
,
y
,
a
la
vez

,
del
maestro
Bernhard
,
y
,
a
la
vez
,
del
maestro
Williams
(
como
fue
señalado
y
,
como
él
,
reconoció
,
no
sólo
introduciendo
sus
nombres
,

sino
,
la
banalidad
objetiva
de
sus
nombres
:
la
operación
de
mostrar
,
y
,
no
,
la
operación
de
esconder
,
como
suele
hacerse
y
,
como
él
,

desaprueba
,
insertando
la
palabra
Phänomenologie
,
concepto
,
que
(
según
él
)
no
sólo
señala
el
hecho
causal
de
todo
,
o
,
el
hecho
en
sí
de
todo

,
sino
,
que
muestra
el
lenguaje
neutro
,
y
,
el
realismo
neutro
,
de
,
todo
lo
que
él
,
ha
ido
colocando
,
en
ese
Retrato
«
de

mi
propia
caca
»
o
,
en
ese
poema
«
de
mi
propia
caca
»
,
donde
,
por
fin
,
todo
,
ha
sido
llevado
,
a
,
una
máxima

verticalidad
,
y
,
a
un
máximo
de
repetición
)
según
sea
el
caso
,
y
,
según
sea
leído
el
«
Aforismo
IV
»
donde
Nietzsche
discute
los
precios
que

,
para
él
,
debieran
tener
las
vacas
(
hasta
700
libras
,
aprox
≈
163
marcos
,
mayores
a
700
libras
,
aprox
≈
285
marcos
)
y
,
que

él
,
compara
,
con
un
hombre
que
se
desplace
a
diario
,
de
,
la
ciudad
de
Lützen
,
a
,
la
ciudad
de
Potsdam
,
y
,
de
,

la
ciudad
de
Potsdam
,
a
,
la
ciudad
de
Lützen
,
según
la
hora
,
y
,
según
,
el
ritmo
obsesivo
de
ese
hombre
y
,
de
esas
vacas

,
que
Nietzsche
no
pudo
comprar
y
,
que
no
pudo
,
factualmente
,
resolver
como
*producción
económica
del
problema*
o
,
como
*problema
económico
del
poder*
,
ya
que
el

que
posee
una
vaca
(
como
Nietzsche
intuyó
y
,
comprobó
)
posee
un
determinado
,
y
,
parcelado
poder
,
que
aumenta
o
,
disminuye
,
según
el
peso
correlativo

y
,
la
ganancia
correlativa
,
que
día
a
día
«
se
le
saque
»
a
ese
instrumento
de
hacer
dinero
,
como
Nietzsche
intuyó
y
,
comprobó
,
en
uno

de
los
últimos
aforismos
(
de
la
mitad
de
su
vida
)
y
,
como
Hooper
,
cabeza
,
ahora
obligada
a
pensar
a
Nietzsche
,
y
,
a
burlarse
sintomáticamente

de
Nietzsche
comprueba
en
los
ganaderos
y
«
fanosos
»
granjeros
de
*La
zona*
,
que
apenas
han
oído
hablar
de
Nietzsche
y
,
además
,
no
desean
oír
hablar
de

Nietzsche
,
mientras
Mrs
.
Hooper
(
la
esposa
,
como
señaló
uno
de
los
granjeros
)
los
invita
a
tomar
y
,
tomar
una
cerveza
,
por
ese
poema
,

donde
su
esposo
,
habla
,
de
una
vez
por
todas
,
de
«
la
belleza
de
La
zona
»
y
,
«
la
belleza
de
las
vacas
,
sin
las

que
los
granjeros
y
,
otras
personas
de
La
zona
no
podrían
vivir
y
,
menos
alimentarse
»
,
con
lo
que
Hooper
,
el
filósofo
,
y
«
el
siempre

obligado
a
ordeñar
sus
vacas
»
miró
hacia
la
derecha
,
ajustó
el
cristal
donde
se
observa
la
fotografía
con
el
rostro
,
más
bien
:
cínico
de
Nietzsche
,
y

,
no
respondió
.

S. Petersburgo, 1994

Das Kapital

ADVERTENCIA

Quizás este libro sólo puedan comprenderlo aquellos que por sí mismos hayan pensado los mismos o parecidos pensamientos que aquí se expresan. No es por consiguiente un manual. Habrá alcanzado su objeto (*gedacht*) si logra satisfacer a aquellos que lo leyeren entendiéndolo.

Todo el significado del libro puede resumirse de cierto modo en lo siguiente: «Todo aquello que puede ser dicho, puede decirse con claridad: y de lo que no se puede hablar, mejor es callarse.» (L. Wittgenstein, *Tractatus L-Philosophicus*).

Este libro quiere, pues, trazar unos límites al pensamiento, o mejor, no al pensamiento, sino a la expresión de los pensamientos *(gedanken)*; porque para trazar un límite al pensamiento tendríamos que ser capaces de pensar ambos lados de este límite *(grenze)*, y tendríamos por consiguiente que ser capaces de pensar lo que no se puede pensar.

C. A. A.
Calcuta, 1993.

theAter

ges-tus> El rostro de GES-TUS. Sombra, única o además. Asimila (NEUROSIS ORAL, MATERIA).

Primera nota)

«Papel amarillo. Tiempo. Una lectura me distrae de la otra. Leo intens-(a)nillo-ente. Antimemoria. Después de tanto trazo, intacto, ingástrico. He perdido la costumbre de dormir(me-nos). Media hora. Pero no estabas.»

(-----)

Segunda nota)

«Sólo los dos últimos días. Empiezo. Montaigne. Estamos a 21 final del mes. La rapsodia. Página.»

(-----)

Tercera nota)

```
  ┌─ café de ánimas ─┐
  └─   U S U R E    ─┘
         ↓  ↑
       DESGASTE
```

«aunque ante mí sólo fue admitido como estatua. "El dinero es la relación que se aproxima al absoluto."
       Herbert S. Roussel
Hydra, no hYmen. Leo theAter. Comentario.»
                          (-----)
                  alrededor de las 3.00 p.m.

Cuarta nota)

«¿Has pensado en Keynes?.»
            (-----)

Enfermedad: La castración de GES-TUS. El posible tuétano de afeitar. El lenguaje> εμφασισ-ειροvεια.

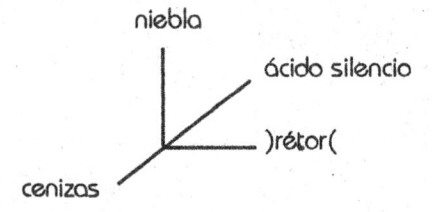

```
       niebla
         |    ácido silencio
         | ╱
         |╱____ )rétor(
        ╱|
       ╱ |
  cenizas
```

Nota: El rétor simula una simulación de lenguas. Deshace su lengua. O(ff)cupa.

(tarde, la)

    -porcelana. 3 tazas. borde aceitoso.no miel.
    -4 discos. velma midlentong (telón: satch).

    pierrot lunaire ⎫
       notturnos   ⎬ Jorge Yglesias
    voz: g. benn ⎭

[LA ANULACIÓN ABSOLUTA DEL APLAUSO]   [EL ACTO]   [ES]

(sentido in-verso). Oído. Dentro: el oído. Absoluto de sí mismo: $6 denarios -*denarii*-, ser: doblones, liras, céntimos; *per deneratas*, esterlinas. En 1231, Federico II mandó acuñar en el reino de Sicilia las admirables Augustales de oro, que son la obra maestra de la numismática medieval (...) La emisión por florencia de los primeros florines *(florino d'oro)*, cuyo nombre se debe a que estaban marcados con un lirio, emblema de la ciudad, abrió resueltamente, en 1525, el camino a la expansión del numerario de oro en Occidente.

(ABSOLUTO)

mímesis.
resonancia extrema del no-hacer.
fetiche.
oído en /conversión/ lenguaje.
escritura (no).

Mímesis: Indica que las partes constituyentes del sistema se organizan según un orden que produce el sentido de totalidad.
   Enciclopædia Britannica: eleventh edition.

Enfermedad: GES-TUS, lenguaje. La palabra=residuo. Lugar-que-o-frece.

«En el verdadero libro sobrevive una voluntad de *locus*, de hueso, asombrado. *Telos*, continúa, Y la negación como objeto indual, salto imprevisto entre el MITO (traditio) y el descomponerse de un resumen. Unión y segmento. Vértigo. El libro es una voluntad que se acerca. Aunque permanece hacia un absoluto.» —PAFF!! (sonoro)...

➡ GEOMETRÍA

   (hacia un lado, hacia *el* lado.
   detrás de la vela, aún, espacio.
   escribe.)

Quinta nota)

   «No estar. Tarde. Aunque si-. Espero.»
      (-----)

—aplauso cerrado—

theAter

Diátono.

Apariencia inversa del *ontos* (lo que es).

> (Sonido explícito de la naturaleza. El mimo debe descomponerse en escenas que se dilaten.)

[ANULACION] [ACTO] [APLAUSO]

Sexta nota)

> «no conseguí ni una sombra de eco. Conversaciones, por si a la salida. Real. Apenas un ápice.»
>
> (-----)

vOz.

Ir de GES-TUS, por fín, *sombra, única o además*, hacia la ceniza. Nota blanca. Observa.
Como en lo cerrado, dra(c)ma. Mejor: des-de-lo-ce-rra-do.
La pintura de balthus: *Nu au chat* (*Nu a la bassine*), geometría dual: vacío/artificio, r(emite). Vacío de la caída y vacío del caer. Hastío. «El cuerpo poseído por una teatralidad económica, por una *escénica* mímesis del juego.» Reuma de las formas. Dextrenimiento.

```
 ✚  ✚  ✚      ✚   CAMPUS-
 ✚  ✚  ✚      ✚   ACCION-
 ✚  ✚  ✚      ✚   PALABRA-
                  NEUTRO-
```

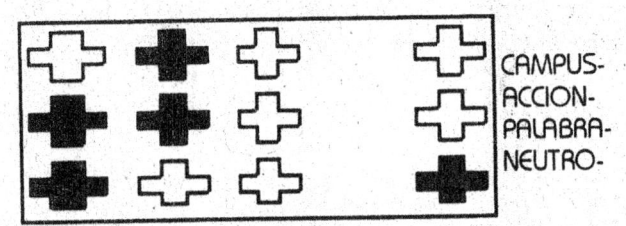

El libro. Letra-espacio. Como un átomo que se anula (a, des, anti).

Carta a Cazalis: Con temor, pues invento una lengua que debe necesariamente brotar (1864) de una poética muy nueva: PINTAR, NO LA COSA, SINO EL EFECTO QUE PRODUCE.

Poética: Comedia que hace intervenir el ballet en el curso de la acción o como intermedio autónomo entre las escenas y los actos.

Séptima nota)

«El ojo/ganglio de adam smith. Apunte, rancio. Lenguaje. ¿Café de ánimas?.»
(-----)

ESPACIO

(Dice: OMMMMMMMMMMMMMMMMMMMM...
Se-a-pa-gan-las-ve-las.)

—aplauso total—

TIPOLOGÍAS

I

(Rata Campestre)

Mamífero roedor. Tamaño mediano, de unos 18 cm. de largo y otros tantos de cola. 130 gr. de peso. Cabeza y cuerpo como en el ratón de campo, pero mucho más grande, con la cola incluso más larga que el cuerpo, color muy variable: desde casi negro a un pardo amarillento con vientre blanco. Comensal del hombre. Hábitos: nocturnos. En las casas frecuenta las partes secas y elevadas. Su alimentación es arborícola y, ocasionalmente, animal. Es originaria de Asia. Reproducción: 10 crías por año.

Cat.: Rata negra; Nom. Científico: Rattus rattus; Fam.: Múridos.

II

(Rata de Agua)

Mamífero roedor. Se divide en dos especies: *A. Sapidus*, mayor, con 20 cm. de largo y 220 gr. de peso. *A. Terrestris*, con 17 cm. y 90 gr. de peso. Cuerpo macizo, cola larga: la mitad que el cuerpo y cilíndrica, cabeza redonda, orejas pequeñas. Color: pardo oscuro con vientre blanco. Hábitos: diurnos y nocturnos. No hibernan, almacenan comida. Alimentación: mayoritariamente vegetal (hierbas, raíces bulbos) y ocasionalmente animal. Construyen galerías bien cerca del agua con alguna entrada sumergida, o en los prados. La reproducción se realiza en Primavera y Verano. Poseen de 2 a 8 crías por año

---

Cat.: Rate d'aigua; Nom. Científico: Arvícola Sapidus y Arvícola Terrestris; Fam.: Arvicólidos.

III

(Rata Común)

Mamífero roedor. Mayor y más macizo que la rata campestre, con unos 23 cm. de largo y algo menos de cola, y unos 350 gr. de peso.

Cabeza menos alargada, orejas menores, cola más corta y gruesa; color general gris con el vientre claro. Comensal humana, ocupa sótanos y alcantarillas, bastante acuática, también se hace salvaje ocupando los ríos a partir de las cloacas. Hábitos: nocturnos. Hace sus nidos en rincones y grietas o junto al agua. No hiberna ni almacena comida. Alimentación: variada. Reproducción: 10 crías por año. Proviene de las estepas de Asia. Es agresiva.

Cat.: Rata comuna; Nom. Científico: Rattus norvegicus; Fam.: Múridos.

IV

(Diagrama(s) sobre los movimientos de las ratas)

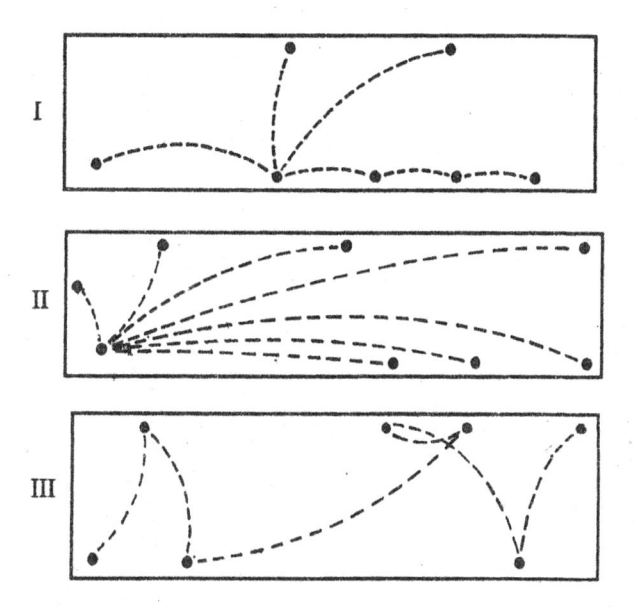

Estos diagrama(s) no son más que la iconización, parcial, de los movimientos rizomáticos que *una* rata puede realizar en un momento determinado. Estos diagrama(s) son intercambiables.

B,Ce-

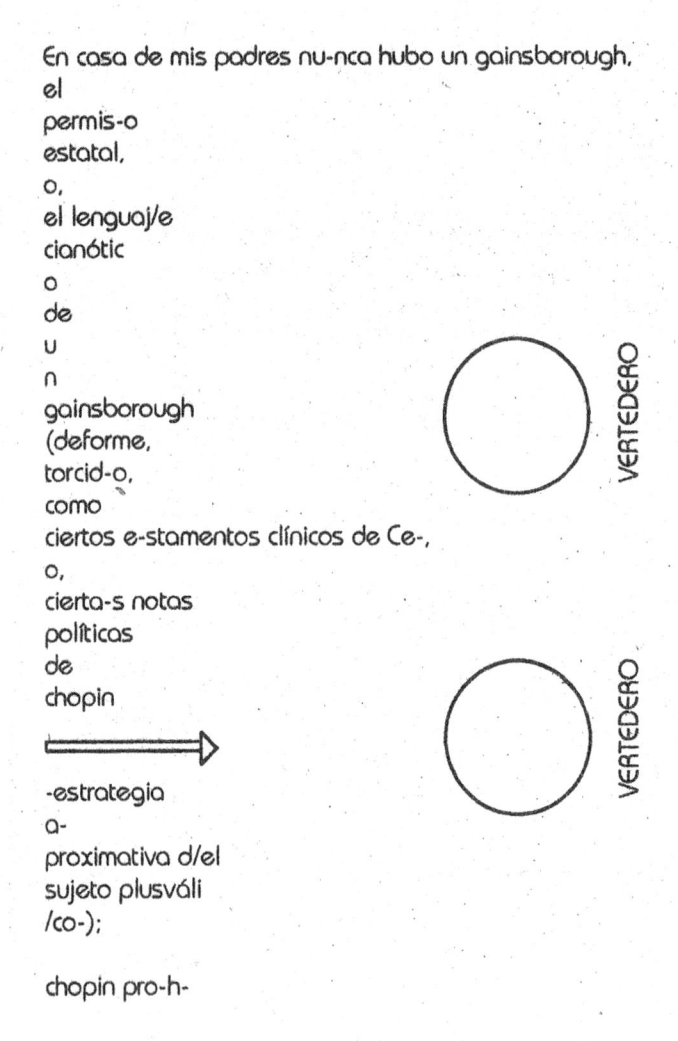

En casa de mis padres nu-nca hubo un gainsborough,
el
permis-o
estatal,
o,
el lenguaj/e
cianótic
o
de
u
n
gainsborough
(deforme,
torcid-o,
como
ciertos e-stamentos clínicos de Ce-,
o,
cierta-s notas
políticas
de
chopin

⟹

-estrategia
a-
proximativa d/el
sujeto plusváli
/co-);

chopin pro-h-

ibido, o
  chopin
religioso (e
s decir: con la sotana negra de los que cortan la
                                             carne);

o: d-
o
nde
respira,

pro-
ces-o mecánic
o
p
ara
establecer
una
p-roducción mas-iva
d-el
estado,
«ocupación y dinero»
(ha
dicho (e-),
«test
í-c
ulo
amigdaloeconómico»
(ha
escrito (e-),

o: donde
el gen tuberculoso
(lo que l-o convierte, de hecho, en un *infans* de
                                             novela)

s
e materia-liza
e-n
e-sa
forma
que-se-prolonga:
(gusanito-gusanito);

¿a
cuánt-o
asciende la carne podrida de un maestro en
alemania?,
¿a
cuán-
to l
a caca pastosa
de un maelström en
alemania?;

| con una cruz |
| --amarilla |
| --ocre |
| --verde vejiga |

costra idelógic
a
de *ese*
saber
(que lee o no en editoriales,
que ob-
serva, en
las vidrier-as [cocaína de un profundo mental],
l-a (.)ovulación
(.) judía
(.)de(.)
lo
(.)que(.)se(.)
mueve
),

o: *metabolismus;*

　　　　　-froteur
　　　　　froteur-
　　　　　(lv, 6-7)

as *(sssssss)*co,
anular e
l proceso
(el-engranaje-totalitario-del proceso,
el en-
granaje qu/e
con-viert-e
en
totalitario
al
proceso),
o: la
perçepció-n
mítica del reich
contra
la
máqu-ina
(corta la res: distribuye,
corta la res: «el-dinero-en-la-banca»):

flesh/f
lesh/
fle-/
sh/
como el que lasquea la te-o-ría factual de los
objetos
u-
sados;

«tu

67

excremento a-
necoico s-ulamita,
tu
cerebro
esquizoide m
argarita»,
cancioncilla ligera de un de-ter-mi-na-do
hábita-t
cerebralis;

o; tor~~sssssssssssssssssssssss~~jón,

sin
hacer per/ceptible la m
utación-
física-
permanent-e del agua,
en
relación,
c
on las
condiciones
de
temperatura e-n el ambiente:
«z
ona *equis* d
e
poder»
(ha *dicho* Ce-),
a-vanzan-
do
con la premura fofa de un monje hacia el mercado donde
revenden
el
arroz;

músculos:
dos
tres-d
os; haci
-a-a
bajo;

músculos;
dos
----
tres
----
dos:
h-
acia ab-
ajo
(con lentitu-d; c
itando frases de wittgenstein y pound),

músculos;
ha-ci-a-a-ba-jo,

(hac-ia
l
as
notas
políticas
(y, no encontradas)
de
u
n
chopin
en
bucovina
(«la tos, la tos:
cuidado con la tos»):

esputo.

GLASS

Personajes: Marioneta 1
　　　　　　Marioneta 2
　　　　　　Marioneta 3

el fracaso de los primeros intentos por obtener racio nes purificadas p ara el crecimient o y supervivencia de los conejos es indicio de que la s raciones utiliz adas eran deficie ntes en algún nut riente especial o que su constituci ón física no era apropiada para el conejo. la diminu ta raza *dwarf*(en ana) exhibe pesos alrededor de: 0,9 00 y la *flamenco gigante*, 5kg. más que la raza *dwarf* dichasdiferenc ias no se deben a la alimentación s ino que son hered itarias; se trans miten de un conej o a otro.

OCLUSIÓN

Lo que, podrido, se re-prime. Acto (en el), o: des-cluye.
Cerebro, sin órganos; en lo que se inStaura.

DISCURSO MILITAR DE LA MARIONETA.

(escenario)

Staphylococos:

Es decir: don-de-no-hay-LÓGICA.
Residuo; «la fábrica», exCREcencia/del cuerpo:Objeto sublimado: produce y suprime. *Deffentlichkeit* (encontrar, un, público: cons-truir). El cuerpo-fábrica, su ir (reprime, no *id*) hacia una gregaria pulsión de lo reconocible. So-li-ci-ta, a-clama: es su propio público: no escucha -trompa de falopio vs. trompa de eustaquio-. Hace, po-lí-ti-cas.

Menstruo: evolución aforme del forúnculo.
Dictum (← modulando la voz:)
i/so/cro/ní/a
(en off, con asco).

ACTO I: EL DESFILE

Marioneta 2:   -Se des⊗plaza. Ca-
e. Babea.
Se-rasga-con-la-mano-la-saliva.
A/
vanza.
L,a,s,p,i,e,r,n,a,s:
DESMESURA.
            El-
brazo,
l
os-brazos: es-
            cupe:
baba amarilla, granulosa, de larva/
fe-
cal (*eso* caga, *eso* escupe):
de-lo-que-se-cal-cina;
movimiento
filológico d-
el intestino.
(Abre los brazos).-

Marioneta 1: -La boca: e-
　　　　　　l cuerpo. La boca,
　　　　　　el
　　　　　　cuerp
　　　　　　o, (dis-
　　　　　　torsionado: *monillia*).
　　　　　　Con-trakkkkkkk
　　　　　　ción.
　　　　　　Saluda
　　　　　　(hacia un lado, hacia-
　　　　　　el-o-tro-la-do).
　　　　　　Imita; topología falaz de la marioneta 2/.
　　　　　　Saluda.
　　　　　　Sal
　　　　　　　　(ta)
　　　　　　Sal
　　　　　　(Sin art
　　　　　　i-cular palabra:
　　　　　　PROCESO REAL DEL CONTROL).
　　　　　　Sal-
　　　　　　ta; HISTERIA, virus).-

Marioneta 3: -En el suelo-.
　　　　　　«Hongo negro. Hon
　　　　　　go NeGRo. NeeegrO.
　　　　　　HonGo NEGRO. HOn
　　　　　　go negro. Neee
　　　　　　　　　　GRo.
　　　　　　-rrrrrrrrrr: ruido de avioneta, en *off*, que
　　　　　　　　　　se aleja.-
　　　　　　Hon-go-neGrO: HONGo.
　　　　　　Ho-n-
　　　　　　go n-egr-O,
　　　　　　　　　N-e-e-e-e
　　　　　　gro...»
　　　　　　-ad infinitum-.

-En escena: cristales, vasijas, ropas sucias; estiércol. Pantalla blanca, vacía. Observan: ha-cia-to-das-par-tes. La Marioneta 1 emite gemidos; sale de escena. (Música: solo de Paganini, violín).
La luz, se apaga.-

(telón)

Si unos pocos(FOCO: lo real, donde no hay imágenes) paramecios procedentes de una estirpe pura se inyectan en el torrente sanguíneo de una marioneta, a los pocos días la marioneta ha elaborado anticuerpos ESPECIFICOS contra los paramecios de-e-sa-estirpe-determinada; de hecho: contra las proteínas de sus órganos natatorios o cilios. Podemos denominar estas proteínas «antígenos» por su poder de provocar una respuesta ESPECIFICA de anticuerpos. Un anticuerpo, preparado de este modo se inmoviliza y mata todos los paramecios -*Paramecium aurelia*- que poseen el mismo antígeno que la estirpe con que fue inmunizada la marioneta.

| Economía opresiva del Gen. |
| Depósito:) |
| Como excedente biológico: DEL CULO. |

«La marioneta: raza y patología» (F. inédito)

ACTO 2: EL PROCESO

Marioneta 3: - Reposo: posición. A los otros.-
«¿Qué
-levanta el brazo-
significa ma-
lacología?.»

Marioneta 2: -El brazo: hacia abajo, que cae (no hay peso).-
«Malacología
es
una dilatación permanente de-
una
vena
causada por la-a
cu
mulación leporina de sangr-
e-en-e-lla.»

Marioneta 3: -Muy despacio.- «No».

Marioneta 1: «Mala-co-logía
es
la ciencia
qu-e
estudia lo-
s
tumores
formados por la dilatación de las venas
del escroto
y
de-
l cordón e
spermático.»
   -Jadea-.

75

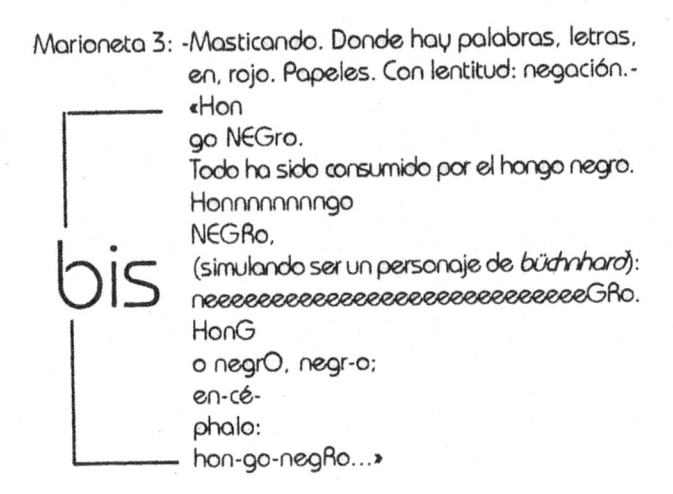

Marioneta 3: -Masticando. Donde hay palabras, letras, en, rojo. Papeles. Con lentitud: negación.-

bis
«Hon
go NEGro.
Todo ha sido consumido por el hongo negro.
Honnnnnnngo
NEGRo,
(simulando ser un personaje de *büchnhard*):
neeeeeeeeeeeeeeeeeeeeeeeeeeGRo.
HonG
o negrO, negr-o;
en-cé-
phalo:
hon-go-negRo...»

-Las marionetas 1 y 2 aplauden «frenéticamente». Gritan: Viva!!viva!!; DES-CO-YUN-TA-DAS. <u>Pantalla en blanco</u>: sonido. (Himno de guerra: fotografía, «en-el-crematorio»).
Marchan.-

(telón)

⌈Gla**ss**:lo que succiona el f lujo, lo que libera(al/el)territorio de(l)flujo. -PAUSA-.(*Gul ag*:discursos ⌊): «Todo obje to supone la continuidad de un flujo, todo flujo, la fragmentación del objeto. Sin duda cada máquina interpreta el mun do entero se-⌉ gún su propi o flujo (flu jo de esperm a, de mierda , de orina o , flu-jo-de- ba-ba), segú n la energía⌋

que le fluye (...) Pero siempre se establece una conexión con otra máquina, en una transversal en la que la primera corta el flujo de la otra o ve su flujo cortado por la otra (flujo de baba, de mierda o, de orina). Vg: $\neq$.

CABEZA (57x43)
Humor gangrenoso, amarillo. De los oídos. Olor fétido —PUDRIDERO, como diarrea. Hundimiento del borde supraorbitario derecho.
Ojo izquierdo 'amputado'

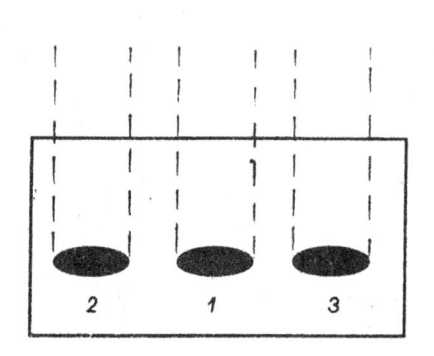

(escenario)

[el conejo *x-notata* es mucho más sensible al raquitismo que las demás razas. la aparición del raq uitismo tenía lugar generalmente en la cuarta generación o en las siguientes y por lo común cuando el número de crías nacidas en el mismo parto era elevado. las obs ervaciones de *haring* y *gruhn* han corroborado que las razas pesada s ganan más peso en las veinte y cuatro horas, pero les cuesta al canzar el estado adulto en el mi smo tiempo que las razas pequeña s; por ejemplo: la *dwarf*. esto s e demuestra de la siguiente mane ra: la inclusión de celulosa o c elofán no consiguió mejorarlas; el 15% de celofán no dió mejor r esultado que el 3% de la misma s ustancia; las raciones de pienso y proteínas resultaron inadecuad as, i-nar-ti-cu-la-bles. esto hi zo comprender que el conejo gené ticamente es un animal de estruc turas mutantes: re-presenta cons tantemente un falso-estar-en-esc ena; una volubilidad que lo empa renta con el actor de teatro.]

Las marionetas suben a escena:

SALUDAN.

NOTA

En esta «obra» no hay final.
El público, con-vertido en instrumento, en-tumuroso-animal-de-laboratorio, no podrá trans/gredir el espacio biológico de su propia presentación; el espacio, biológico, de su *obligada* asfixia. Castigado, en-cerrado: el público, será conducido a una corrosión total como cuerpo que produce, a una autofagia, total, como máquina de-lo-que-es.

Post-data: La puesta en escena debe ser asumida desde la tautología, desde el espacio, único, que se calcina (*topos vitiosus*).

Respuestas que debe ofrecer el público en caso de preguntas:

1- Es una obra maestra.
2- Sólo es comparable a la música de Satie.
3- Es genial, pero estoy segur(o-a) que debe ser mejor representada.

Mao

Y sin embargo hoy es famoso por su cerebrito verticalmente
      metafísico
y no por aquella discusión *lyrik*proletaria entre gorrión
      *vientre*amarillo
      que cae y gorrión
      *vientre*amarillo
      que vuela
o paréntesis
entre gorrión *vientre*amarillo que cae y gorrión
      *vientre*amarillo
      que *no*vuela
como definió sonrientemente el economista Mao
y como dijo: «Allí, mátenlos...»
señalando un espacio compacto y ligero como ese *no*único
      gorrión
      *vientre*amarillo
devenido ahora en el «asqueroso gorrión *vientre*amarillo» o
      en el «poco
      ecológico gorrión
      *vientre*amarillo»
enemigo radical de / y enemigo radical hasta–
que destruye el campo: «la economía burocrática del arroz»
y destroza el campo: «la economía burocrática de la
      ideología»
      con sus paticas un-2-tres
      (huecashuecasbarruecas)
      de todo mao*sentido*
como señaló (o corrigió) históricamente el kamarada Mao

en su intento de hacer pensar por enésima vez al pueblo:
    «esa masa estúpida
    que se estructura
    bajo el concepto fofo
    de pueblo»
que nunca comprenderá a la mao*demokratik* en su
    movimiento
    contra el gorrión
    que se muta en
    *vientre*amarillo
ni a la mao*demokratik* en su intento (casi totalitario) de
    no pensar a ese
    gorrión
    *vientre*amarillo
que no establece diferencias entre plusvalía de espiga y
    plusvalía de arroz
y por lo tanto no establece diferencia entre «tradición
    de la espiga» y
    «tradición del
    arroz»
como aclaró Mao dando un golpe en la mesa y articulando:

正名

o lo que es lo mismo: 1000 gorriones muertos: 2 hectáreas
    de arroz/ 1500 gorriones
    muertos: 3 hectáreas de
    arroz/ 2600 gorriones
    muertos: 5 hectáreas de
    arroz
o repito ch'ing ming
donde el concepto *violencia* se anula ante el concepto *sentido*
    (época de la cajita

        china)
y donde el concepto violencia ya no debe ser pensado sino
        a partir de «lo
        real» del concepto
        unsolosentido (como
        aclaró muy a tiempo
        el presidente Mao y
        como muy a tiempo
        dijo: «si un obrero
        marcha con *ex*tensidad:
        elimínenlo/ si un
        obrero marcha con
        *in*tensidad: rostros
        sudorosos con 1 chancro
        de sentido»)
subrayando con una metáfora la *no*fisura que debe existir
        entre mao*demokratik*
        y sentido
y subrayando con la misma metáfora la fisura que existe
        entre tradición y
        *no*sentido: generador
        de violencia y
        *a*orden / generador de
        nohistoria y «saloncitos
        literarios con escritores
        *sin*sentido»
como anotaron en hojas grandes y blancas los copistas
        domésticos del
        padrecito Mao
y como anotó posteriormente el copista Qi en la versión
        final a su *vida e*
        historia del presidente

    Mao (3 vol.) donde
    explica lo que el filósofo
    Mao llamó «la superación
    de la *feudo*historia» y
    cómo/cómo/cómo (preciso)
    habían pasado de una
    *feudo*historia (y una
    *micro*historia) a una
    *ideo*historia y a una
    *eco*historia e inclusive
    de un «no observar con
    detenimiento la historia»
    a una «manipulación
    pequeña de la historia»
    (Pekín/Pekín: hay que
    regresar a Pekín...)
como reescribió el copista Qi en ese *corpus intellectualis*
    del kamarada
    Mao
y como se vio obligado a corregir el (definitivamente)
    civilista Mao al
    coger un cuchillo
    ponerlo sobre el
    dedo más pequeño
    del copista Qi y
    (en un tono casi
    dialektik/militar
    casi) decirle
    «hacia abajo y
    hasta el fondo»
(crackk...)

Cronología

1926. Wittgenstein publica *Vocabulario para las escuelas primarias* (Wörterbuch für Volksschulen). Edición empastada. Ribetes dorados. Letras góticas. Papel de hilo: 15 x 12 cm. Setecientos ejempares, con sobrantes para el autor. Después: «mi *Wörterbuch* me llevó hacia una visión más pragmática del lenguaje» (*a Carnap*). Y después: «mi Wörterbuch me reveló, de una vez, *el valor de uso* del lenguaje» (*a Carnap*).

Relato. Wittgenstein elabora unos «falos» pequeños, en estado de erección, que obsequia (de una manera lúbrica) a sus alumnos. Estos «falos» (de: masa-cruda-de-pan-y-resina-blanca-de-alerce) eran hechos, siempre, por la mañana, y al regreso (horas después): ya estaban endurecidos. Estos «falos» se pulían, se enceraban, y se colocaban en un hornillo (con huecos redondos e irregulares de tamaño mediano) *hasta su total y consecuente desecación*. Más tarde eran extraídos (y regalados) uno-a-uno, con sutileza.

Clínica. Secreción humorosa con peste. Pequeña inflamación en el bajo vientre. Escoriaciones rojizas en la piel. Irritación en los bordecillos del glande. Erección dolorosa. Cefalea. *Neisseria gonorrhoeae* (Gonococo).

Gotas de láudano (por día)
70
73
70
80
96
102

Topografía. El maestro de escuela Ludwig Wittgenstein camina –a diario– 1 km hasta la granja *Fetus* de la familia Traht. Allí, come y bebe a su gusto. Después, sin hablar, se retira hasta el otro día –a la misma hora–. *Biógrafo*: ¿Aparte de comer, hacía otra cosa el *maese* Wittgenstein? *Sra. Traht*: Sí, me decía: la verdadera filosofía es el acto de saber escupir a los demás. Y enseñaba los dientes.

La educación sentimental. Un excremento largo y seboso (de color amarillo-flema) sale por el ano de Wittgenstein. Wittgenstein hace varias muecas, cierra los ojos, aprieta el abdomen. ¡Uff!, exclama. *Comidas del día anterior*:

- Sopa de albondiguillas
- Centeno
- Buchtel
- Pulpeta de granos

Daguerrotipos de Margarethe Stonborough-Wittgenstein

Quiasma. «Tenía razón nuestro padre (*a la hermana*), Trattenbach, no es más que una aldea sucia de campesinos inútiles (*a la hermana*). Ellos (*a la hermana*) lo frenan. Si fuera por mí (*a la hermana*) estuviera todo el día dándoles bofetadas» (*a la hermana*). Frase: esas nobles almas campesinas / Tolstoi. Escribe *Baum, el biógrafo*: Wittgenstein decía con frecuencia que lo que a él le importaba era sacar «a los campesinos de la basura». (*A la hermana*, días después): «campesinos *cochinos* y sin lógica. Eso es lo que encuentro». Y más tarde, a *Russell*: «Ya Ud. sabe, un pensador, como yo, debe asistir al encuentro con lo enfermo».

BIBLIOTECA. Tolstoi: *Cuentos populares*. Dostoievski: *Novelas*. Carroll: *Fotografías*. Libros de aritmética. Una pequeña biblia (*a Russell*) que «uso sólo para limpiarme en el excusado» (*a Russell*).

ANÉCDOTA. Una tarde (dos-de-noviembre-de) golpeó con una vara a un niño/alumno, al que en seguida fue necesario sacar del aula; al parecer, se había desmayado. (Aquel alumno, un-tiempo-después, falleció.) Los campesinos «por este único y vulgar motivo» (*a la hermana*) procedieron judicialmente contra él. El proceso se celebró en Gloggnitz. En él, aunque el maestro de escuela primaria Ludwig Josef Johann Wittgenstein fue absuelto, se incluyó un resumido examen psiquiátrico sobre el estado de salud mental del profesor. (*Baum, el biógrafo*.)

DISECCIÓN DE UN COLEÓPTERO HECHA POR WITTGENSTEIN PARA LOS ALUMNOS DEL QUINTO AÑO DE TRATTENBACH

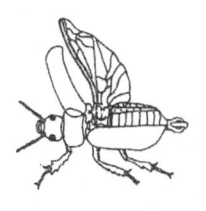

INFORME. Los vómitos sucesivos del Sr. Wittgenstein hacen que su casa (construida con madera y piedras de Otthertal)

permanezca en estado constante de pudrición. Una visita de trabajo realizada por los oficiales de la Municipalidad de B. ofreció los siguientes resultados:
1. Dispensar al ciudadano Ludwig Wittgenstein de sus labores como profesor de la escuela primaria rural del condado de Trattenbach.
2. Dispensar de otras labores (u otros *oficios*) al ciudadano Ludwig Wittgenstein hasta que su documentación (papeles y objetos personales) no sea debidamente procesada y revisada por los agentes de la municipalidad de B.
En vista del total cum...

(Y Wittgenstein: «este lugar huele tan mal, que mi cabeza muchas veces se hincha como un grano purulento que echa excrementos por la boca» (a *Carnap* y, a *Carnap*): «estos olores sólo son soportables por una cabeza tan lúcida, y tan poco judía, como la mía»).

SCHREBER (EL ZAPATERO). Había allí —señala— una línea de cal-blanca. Una línea recta (que todas las tardes los campesinos *comenzaban y terminaban* de hacer). Wittgenstein se entretenía dando carreritas hacia delante sobre esa línea y dando carreritas hacia delante *fuera* de esa línea. Hasta que la destruyó y borró (de una manera clara) todos sus contornos. Cuando no, escupía encima de la línea y pateaba sobre ella (con histeria) hasta que sus bordes de cal-blanca comenzaban a desaparecer. Entonces era que se calmaba y comenzaba len-t-a-men-t-e a dictar sus clases.

1927. Wittgenstein es sorprendido intentando sodomizar a un niño «oligofrénico y baboso (*a la hermana*) como todos los campesinos y obreros de este lugar». Es expulsado. *Reporte*: Mientras las familias de Trattenbach realizaban una procesión religiosa a las 20:00 horas (local) por los alrededores del Condado fue sorprendido el ciudadano Ludwig Wittgenstein abusando de la «integridad» de un niño de sólo seis años. Según los vecinos, fue posible intervenir a tiempo gracias a los gritos de la víctima y al forcejo ruidoso con el citado ciudadano. Y Wittgenstein, a *Russell*: «He sido *sacado* de Trattenbach por una causa menor e higiénica. A partir de ahora el sentido de mis cartas será preciso: regreso a la filosofía (no hay otra solución). Mi vida ha estado tan podrida que lo mejor es que acabe de reventar».

1928. Wittgenstein regresa a Viena.

NOTA: Como se ha escrito varias veces, Wittgenstein publicó en vida únicamente dos libros: el *Tractatus* (1922) y el *Wörterbuch für Volksschulen* (1926), así como un artículo en inglés: «Some remarks on logical form» (1929). Además, dejó preparado para la imprenta otro libro: *Philosophische Untersuchungen* (del que se conserva sólo la primera parte). Todas las demás obras publicadas después de su muerte son en realidad «compilaciones» realizadas por los administradores del legado literario (*Nachlass*) de Wittgenstein. Este texto (o biografema) fue construido, precisamente, con esos otros libros que fueron saliendo después de su muerte y subrayan el carácter *íntimo*, cuando no *civil*, del profesor Wittgenstein. Salvo uno o dos sucesos que aún no han sido confirmados, todo lo que se ha escrito es jurídicamente real y preciso. Para no acceder a errores nos hemos reducido sólo a una «etapa» de la vida de Wittgenstein, la que avanza de 1926 a 1928. De ahí en adelante pueden ser consultados los diferentes tomos de *Cartas* y los diferentes tomos de *Escritos*. También: *Ludwig Wittgenstein, Vida y obra,* de Wilhelm Baum.

nabokov. una biografía

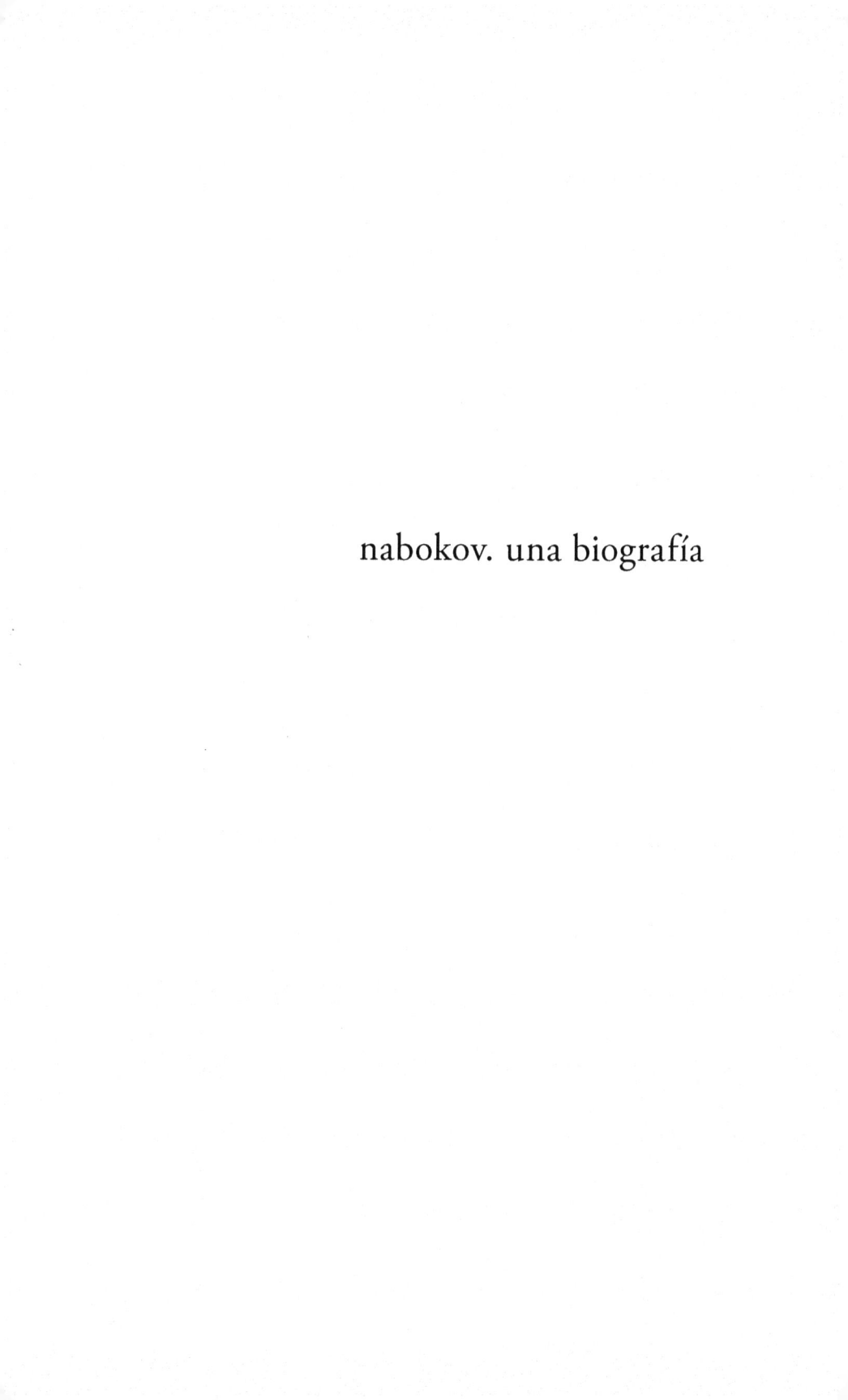

la mesa estaba a la derecha
(la mesa:
caoba
larga
con incrustaciones
y manchas-restos de comida)

alrededor: 2 asientos
rotos

uno de los mongólicos mueve el pie
hacia un lado
hacia el lado
hacia arriba
hacia abajo

el otro –mira

quiere decir algo
no habla

el esfuerzo por intentar «decir algo»
configura en su boca un rictus torpe
de asco

el que mueve el pie
cesa

«tampoco hay mucho que decir
(se levanta)
con ese gesto siempre ha descrito todo»

camina
se acerca a la mesa y se detiene

recoge con 2 de sus dedos
mendrugos
diferentes
de pan
(encima de unos charquitos gris-perla de leche)

come

el otro —mira
insiste en decir algo
pero
el enganche / desenganche de su lengua
lo frenan

se levanta

observa de reojo al mongólico-que-camina
se tira al piso
se arrastra
saca la lengua
hace: «grrrrrrrrrrrrrrrrrr...»
varias veces
ladra

avanza hacia donde está el mongólico-que-camina

y lo muerde

el otro (enclaustrado en sí mismo)
se detiene

mira con detenimiento el devenir-perro del mongólico
sentado
y escupe
grita: «zape, zape…»
lo empuja

da algunos pasos hacia atrás
cae

coge un ladrillo

golpea 4 veces
la parte posterior de la cabeza del mongólico-perro
y lo mira

el mongólico-perro llora
gime
da pataditas
(alzando / bajando las piernas ñoñamente)
se muerde las manos
sangra

el otro
se pasa el puño por la boca
chilla: «hiiiiiiiiiiiiiiiiiiiiiiiiiiiiiiii…»
(con miedo
nervioso)

se levanta

camina alrededor de la mesa
(da varias vueltas murmurando palabras inconexas y haciendo
gestos descontrolados)
se detiene
transpira
dice: «me voy»
(en voz baja)

camina hacia la puerta
clackk
la cierra

(en la hornilla:
1 sartén
1 huevo
1 cuchara
sal
1 tenedor
2 pescados)

el mongólico-perro come
(sobre la mesa:
leche
mendrugos de pan
baba)

alarga el brazo
introduce 2 pedacitos de pan en el plato

come

abre el refrigerador
observa rígidamente
cierra
(la puerta del refrigerador se abre)

inclina la silla hacia un lado
(el izquierdo)
y le da 2 patadas a la puerta
semiabierta

se cierra

apoya de nuevo la silla
mastica
(el acto de masticar dura varios minutos)

eructa

en el piso:
1 ladrillo
1 libro
1 lata

(título del libro:
manuscritos económicos y filosóficos de 1844)

se agacha
levanta la lata:
adin kopek
dva kopeks

tri kopeks
etc

los coloca en fila uno detrás de otro
e intenta construir figuras geométricas

observa
(cuando se cansa de repetir el movimiento
«construir figuras geométricas»
hace un gesto despectivo
)
tira al piso los kopeks

se levanta
escupe

pisotea cada una de las monedas
y salta :
ji…
ji…
ji…
ji…
(con furia)

la puerta se abre

cuando el mongólico-perro ve entrar al mongólico
*no*perro
se detiene
rigienmudecido
grita: «faschismus faschismus…»
(señalándolo)

y corre alrededor de la mesa
(se sienta tembloroso en el otro extremo)

el mongólico *no*perro trae amarrada a una gorda
(zona inferior del cuello)

la empuja

le dice apúrate / camina / caradeculo / estúpida / etc…
indistintamente

la gorda –ríe
trae amarrado a 1 pato grande con un lacito ocre
lo hala

el mongólico *no*perro la coloca delante del mongólico-
perro
(extremo posterior de la mesa)
alza la soga
la golpea 3 veces en la cara
y la escupe
(gestos de domador de circo)

la gorda cierra los ojos
hace un gesto de presentación (inclinándose):
brunelda
el mongólico *no*perro la vuelve a golpear
le dice: «caradeculo levántate…»
(la empuja)
coge al pato
lo tira sobre la mesa

(el pato camina por el borde de la mesa hasta llegar al plato
picotea
caga)

el mongólico-domador sonríe

el mongólico-perro hace un gesto de asco
dice:
«¿qué tipo de patus-apatus es ese patus-apatus que camina sobre nuestra mesa?»

el mongólico *no*perro y la gorda
se miran

el mongólico-perro vuelve a hacer un gesto de asco
se levanta
estira su camisa hacia abajo
y da una vuelta alrededor de la mesa
hasta quedar detrás del pato

observa

mongólico-perro: «una vez conocí un patus-apatus que no era un patus-apatus
(los otros se miran)
tenía los ojos blancos y el pico blanco
(los otros se miran)
caminaba en 4 patas y tenía 2 orejitas chiquiticas
(los otros se miran)
cuando se las halé patus-apatus me mordió...»
(señalándose la mano)

el mongólico *no*perro sonríe
golpea a la gorda en la boca
(gesto de hacer silencio)

mongólico-perro: «¿esto no será un patus-apatus
con vocecita de no patus-apatus?»

el pato hace cuac
y se acerca sobre la mesa a la posición del mongólico-perro

el mongólico-perro observa detenidamente
levanta los brazos
deforma las manos
saca la lengua
etc

lo asusta

introduce el dedo índice en la caca
de patus-apatus
y se lo lleva a la boca

(se estremece
da salticos
camina haciendo muecas alrededor de la mesa
lloriquea)

la gorda
ríe

dice: «este pato lo compró mi madre
(ríe) sabe bailar y sabe tomar sopa

(ríe) sabe leer y sabe caminar
(ríe) sabe bañarse en una palangana
(ríe largamente)
se llama nabokov...»

el mongólico-perro
se sienta
observa fijamente al pato / dice:
«¿nabokov?»
(rostro de extrañeza)

«¿qué significa nabokov?»

eructa

la gorda ríe
estentóreamente

la gorda: «nabokov significa baila-baila...»
(empujando el pato hacia delante
y mirando al mongólico-
perro)

el pato hace cuac
varias veces
y camina sobre la mesa ensayando unos pasitos oscilantes
defeca

el mongólico *no*perro se levanta
grita: «danza rusa / danza rusa»
(agachándose
levantándose)

coge a brunelda por la cintura
la pellizca

la gorda lo empuja
observa cómo el mongólico bailarín se *agacha*levanta
y aplaude
chilla

con la soga que tiene amarrada azota sus piernas
(sangre)

el mongólico *no*perro
(también llamado mongólico-bailarín)
queda de pronto
rígido

(en la pared 1 retrato:
hombre calvo
gordo
saluda una bandera negra)

lo mira
comienza a ladear la cabeza / se babea
se pasa el puño por la boca
(gesto de limpiarse la baba)
alarga los brazos
(gesto de descolgar el cuadro)
el mongólico-perro se levanta
dice: «no
este retrato es mío»
lo descuelga

empuja al mongólico *no*perro
le grita
(rostro de desprecio y en dirección al otro mongólico):
«¡nabokov!»
vuelve a mirar el retrato

lo besa
lo acaricia
lo coloca encima de la mesa
lo saluda
(gesto militar)

el mongólico *no*perro (que se ha quedado rígido)
sonríe
grita de nuevo: «danza rusa / danza rusa»

baila

la gorda (atenta al mongólico «ruso»)
se levanta
y baila también
hasta que comienza a jadear

se sienta
(acariciando a nabokov
le arregla el lacito / lo besa)

el mongólico *no*perro
extrae de su bolsillo una peluca verde fosforescente
y se la coloca

la gorda mira / ríe

desenfrenadamente

el mongólico *no*perro
la mira
(con seriedad)

la gorda
ríe

se acerca a ella
la escupe

la gorda
ríe

le quita 1 zapato

la gorda
ríe

se lo lanza

la gorda
ríe

mongólico *no*perro (tono de regaño):
«las razas inferiores
tienen que hacer silencio
ante la biología de nuestra raza…»

la gorda
ríe

mongólico *no*perro: «cállate»
(tapándose los oídos con fuerza)

la gorda enmudece
sin risa

el mongólico *no*perro se agacha
le huele el pie / entre las junturas de los dedos
extasiado
(permanece «en acción» varios minutos)

se levanta

dice: «estúpida…»
la escupe en el rostro
(con la mano derecha corta un hilo de saliva
que cuelga entre su boca y brunelda)

coge al pato semiadormecido del centro de la mesa
y le introduce un dedo
(el orificio de nabokov se contrae)

la gorda
se ajusta nuevamente el zapato

mongólico *no*perro (a nabokov): «camina / camina»
(obligándolo a desplazarse por el centro de la mesa)

nabokov hace
cuac
cuac
y corre / aletea

el mongólico *no*perro lo coge por el pescuezo
lo alza
le da varias vueltas (sin matarlo)
lo tira sobre la mesa
(observa cómo el pato hace contorsiones con el cuerpo)
y dice
(haciendo un gesto burlón):
«a ver / camina ahora / camina»

(nabokov se queda quieto)

el mongólico *no*perro aplaude
salta

dice (mirando a la gorda / señalando a nabokov):
«un puerco
un verdadero puerco…»
le arranca la cinta del cuello
mastica

la gorda aplaude

el mongólico *no*perro abraza al pato
(haciendo gestos grotescos)
lo besa
introduciéndole de nuevo el dedo

lo saca

el mongólico-perro se levanta
le da un golpe al retrato
(que cae al piso)

y camina

le quita el pato al mongólico *no*perro
(bruscamente / sin forcejear)

observa a los otros
alza a nabokov por una pata
se la corta
(el cuerpo de nabokov cae sobre la mesa haciendo ruido
sangre)

el mongólico *no*perro (que aún permanece estático
sin movimiento)
se sienta
mira con asombro al mongólico-perro
que mastica la pata de nabokov
y ladea la cabeza
(hacia la derecha)

la gorda
se da palmadas en los muslos
ríe

el mongólico-perro se moja lo dedos en la sangre
dice (dramáticamente):
«
sangre
sangre
sólo un patus-apatus puede regenerar la historia verdadera
de nuestra sangre...»

se agacha

dibuja crucecitas en su rostro
en su pecho
(poseído)

se levanta

lo coloca sobre el respaldar de una silla en forma de cruz
le abre las alas: clava
(tan... tan... tan...)
lo estira hacia abajo
clava

nabokov chilla (agonizando)
suelta plumas

mongólico-perro (tono de misterio): «si la superioridad de
patus-apatus
se transforma
entonces nuestra superioridad se hará evidente
en el goce de patus-apatus...»

se persigna

coge el respaldar de la silla donde está nabokov
crucificado
y lo sube-baja compulsivamente
abajoarriba / abajoarriba

marcha

el mongólico *no*perro al ver marchar al mongólico-perro
se levanta

coge un tambor que hay colgado en la pared
y baila haciendo ruido
bom
bom
bom...
cuando el mongólico-perro se detiene
el mongólico *no*perro continúa los movimientos hasta
chocar con él

mira hacia otra parte
se sienta

mongólico-perro
hace varios gestos bruscos
grita
se hala la camisa
salta
etc...

coge un tenedor
lo limpia sobre su camisa
compulsivamente
y lo encaja en nabokov
intentando rajarlo arriba-abajo

raspa
(pasando el tenedor por encima de las vísceras)

extrae pedazos de venas prietuscas
chorreantes

extrae el corazón

se lo pasa por el pelo / rostro
(embarrándose completamente de sangre)
dice: «corazoncito de chocolate...»
jaaa —ríe
«corazoncito inferior de chocolate...»

(apuntándole con el dedo al
pato)
ríe
de nuevo

se arrodilla
con el tenedor empieza a picar pedacitos de corazón

mastica
(moviendo desmesuradamente la boca)

se levanta

comienza a dar vueltas alrededor de la mesa
histéricamente
se acerca al pato
(pausa)
se agacha

dice: «los fósforos
¿dónde están los fósforos?»
(mirando hacia todas partes)

la gorda
que ha permanecido sentada arrascándose los deditos del
pie

(rostro aburrido)
inclina su cuerpo hacia la mesa
y los recoge

los tira en su dirección

el mongólico-perro se pasa la lengua por los labios
una y otra vez
mira a nabokov
intenta encender varios fósforos
(pero todos pierden la cabeza)
intenta de nuevo

se levanta

hace movimientos extraños
(se mueve hacia un lado
hacia otro
abre desmesuradamente los ojos
dice: «uhhhhhhhh...»
)
hasta que se quema los dedos

el mongólico-pirómano se aparta
observa cómo nabokov agoniza y se pasa la lengua por
los labios
ríe

el mongólico *no*perro al ver el fósforo
delante del ojo de
nabokov
se asusta

corre hasta la pared / se encoge
suda frío

el mongólico-pirómano lo mira
interrogativamente
dice: «un patus-apatus es algo que debe ser superado...»
levantando el dedo
aplaude

se coloca en 4 patas
se acerca al mongólico *no*perro y olfatea
varias veces: alrededor de las piernas / en la cara
ladra

el mongólico *no*perro se incorpora
ladra al mongólico-pirómano (también llamado aquí mongólico-perro)
gruñe
saca los dientes /abre los ojos
(furioso)

cuando el mongólico-perro se acerca a él
lo muerde

la gorda (arrodillada)
repite a velocidad los gestos del mongólico *no*perro
y del mongólico-perro:
ladra
saca los dientes
camina en 4 patas
muerde

el mongólico-perro gatea alrededor de la mesa
el mongólico *no*perro gatea alrededor de la mesa
la gorda
gatea alrededor de la mesa
(hasta que el mongólico *no*perro se detiene)

brunelda y el mongólico-perro le van arriba
lo huelen
lo muerden
le arrancan con los dientes una oreja

la gorda
(al ver la sangre y la oreja desprendida)
aúlla

el mongólico *no*perro se levanta / agacha / grita / salta
se toca su «oreja»
corre alrededor de la mesa
soltando gran cantidad de sangre
se tira al piso

el mongólico-perro
mastica

la gorda (al ver masticando al mongólico-perro)
ladra
va hacia el mongólico-masticador y le arrebata la oreja
(pausa)
comienza a masticar también

el mongólico-perro la ataca
se muerden

se arañan
(haciendo que la mesa caiga estrepitosamente)

el mongólico *no*perro vomita
intenta señalar algo
abre los ojos (semiacostado en el piso)
se mueve convulsivamente
gestos descoordinados
vomita:

coágulos de sangre
flema carmelitosa
(abriendo teatralmente los ojos)
espasmos

el mongólico-perro y brunelda
(al ver al mongólico *no*perro)
se detienen
se sientan

cuando el mongólico vomitoso se desfallece completamente
se acercan

el mongólico-perro saca del bolsillo una banda negra
con una *crux* blanca
(escupe)

se la muestra a la gorda

la gorda observa largamente la banda negra
hasta que de

pronto
abre la boca
corre a esconderse detrás de la mesa

se arrodilla
(rostro: inmaculada concepción / murillo
)
reza

el mongólico-perro
la mira

se agacha ante el mongólico desfallecido
y le pasa la banda negra
por el rostro

lo abofetea

(el mongólico-vomitoso no respira)

el mongólico-perro dice:
«solo los excrementos harán superior a nuestra raza...»
(acerca su lengua al vómito)

la gorda
mira de reojo
reza

el mongólico-perro
sonríe
raspa con la lengua los bordes pastosos de la deposición

y traga
(haciendo un gesto de placer)

la gorda
reza
(*touretticamente*)

el mongólico-perro
come

Addenda:
dos entrevistas

Cuba años noventa
Idalia Morejón Arnáiz

Carlos A. Aguilera, Praga. Mirian Chang y Rito Ramón Aroche, La Habana. Julio Moracén Naranjo, São Paulo-La Habana-São Paulo. Idalia Morejón Arnaiz, São Paulo.

Con la anterior relación de nombres y ciudades quiero dejar testimonio de los desplazamientos, las inmovilidades y los gestos de solidaridad que han intervenido en la recuperación del videoperformance *Retrato de A. Hooper y su esposa*, de Carlos A. Aguilera, presentado por primera vez en la Casa del Joven Creador, La Habana, en 1995, y que ahora publicamos como documento de arte y como uno de los primeros registros audiovisuales de poesía y performance, entre una serie de apariciones públicas realizadas por Aguilera en los primeros años de la década del noventa, como proyecto personal y como acción pública del grupo Diáspora(s) de escrituras alternativas, fundado en 1992 por Rolando Sánchez Mejías junto al propio Aguilera, Ricardo Alberto Pérez, Pedro Marqués de Armas, Rogelio Saunders, Ismael González Castañer, Radamés Molina y José Manuel Prieto.

El grupo comienza a hacerse visible en 1993, y en 1997 lanza la revista homónima. De manera programática, Diáspora(s) se propuso reivindicar la existencia y validez de formas discursivas atípicas en la poesía cubana. Ni el grupo ni la revista se adscribieron a ninguna de las instancias oficiales culturales actuantes en la vida nacional, y cada número editado circuló marginalmente, como *samizdat*. Su objetivo fundamental, perceptible en la mayoría de sus proyecciones escriturales (poesía, crítica, ensayo) y en las performances, fue romper con la lengua del Estado, con el cuerpo de doctrina de la Nación, sobre todo en su vertiente origenista, para instalarse, más allá de lo post/nacional/vanguardista/comunista, en un territorio de extrañeza literaria perfectamente acoplado a la categoría deleuziana de literatura menor. Es decir, la conciencia política del proyecto es altamente codificada, pero transparente en su «terrorismo», concentra sus procedimientos vanguardizadores en la producción de textos fuertemente codificados por lo político, fortalecidos en la creencia de que el individuo se encuentra, a la manera kafkiana/deleuziana, solo e indefenso ante la ingente maquinaria del Estado.

Las acciones concretas del arte conceptual de los años ochenta, así como su filosofía, son aplicadas a una perspectiva de cambio en el campo de la poesía, igualmente conceptual, del grupo Diáspora(s). La relación entre performance y poesía cubana se encuentra atravesada por el conceptualismo, por el repertorio posmoderno que traen a colación tanto los jóvenes artistas de los años ochenta como los poetas y narradores, por lo que, de manera transversal, el encuadre histórico de estas conexiones debe considerar la manera en que ese momento viene siendo documentado desde las artes plásticas[1]. A finales de los años ochenta el cuestionamiento que los jóvenes escritores y artistas hacen de la relación entre individuo e institución es un tema que da lugar a debates, polémicas y acciones de las fuerzas represivas en todos los terrenos artísticos, y que en los años noventa se verá intensificado. Estas acciones son vistas como artísticas, pero

---

[1] Al respecto, véase Camnitzer 2003, Fusco 2000, Lambert-Beatty & Mosquera & Posner 2009, Weiss 2010, O'Reilly Herrera 2011 y Stimson & Sholette 2007. «Nueve alquimistas y un ciego» (1988; registro parcial en <https://www.youtube.com/watch?v=MlzP3iUZ2pE>) y «No queremos intoxicarnos» (1987; registro parcial en <https://www.youtube.com/watch?v=LFO_RDnv3z4>), del Grupo Arte Calle, aportan también elementos de juicio al respecto.

también como políticas. El evento más radical lo llevó a cabo el artista Ángel Delgado, con su performance «La esperanza es lo último que se está perdiendo» (1990), presentada en la exposición «El objeto esculturado», en el Centro de Desarrollo de las Artes Visuales. Ángel Delgado pone en enfrentamiento directo el cuerpo de la acción artística con el cuerpo de doctrina de la Revolución (defeca en un hueco abierto en el centro del periódico *Granma*, órgano oficial de Partido Comunista, y acto seguido se limpia con ese mismo papel) y, sobre todo, con el cuerpo represivo del Estado, lo cual se concretizó al cumplir una pena de seis meses de cárcel.

Las acciones de performance y poesía cubana en los años noventa fueron escasas y poco aceptadas. Existe en esos años, además de esta retroalimentación posvanguardista, una corriente que apuesta en la capacidad performática de la voz —el poema «KTP» de Carlos Alfonso leído a la batería— y que crece en los años 2000: *Word* (2009) de Omar Pérez, leído con tambor, de resonancias orientales en su entonación, con coros y voces femeninas[2]; *Vegas Town* (2006) de Juan Carlos Flores, leído/dicho «a capela», con la voz desesperada de quien grita desde un pueblo perdido[3]; la *poesía actuante* (una especie de decir rapeado) de Ismael González Castañer, miembro del grupo Diáspora(s), y Julio Moracén (<http://delpalenqueypara.blogspot.com.br/>). El grupo Omni Zona Franca también sigue esa corriente, extendiéndola al hip hop (<http://omnizonafranca.blogspot.com.br/>).

---

[2] Los poemas que Omar vocaliza en este CD fueron publicados en 2010 en *Crítica de la razón puta* (La Habana: Letras Cubanas), que ese mismo año obtuvo el Premio de poesía Nicolás Guillén.

[3] CD editado por el Centro Cultural de España en La Habana. Presentación de encarte de Alberto Virella.

Tanto las performances como la revista o los poemas de Aguilera han sido relacionados con los *ready-mades,* el *pop art* o el imaginario comunista y poscomunista, y también se ha propuesto que se los piense como proyecto curatorial por su cualidad performática y conceptual. «Obras como las que puso en circulación Carlos A. Aguilera no pueden ser leídas únicamente dentro de los marcos posmodernos», advierte Duanel Díaz Infante, por ejemplo[4]. Ellas se inscriben en una primera etapa, cuando el grupo realiza su primera presentación pública, en la sala José Lezama Lima del teatro García Lorca. Además de videos, también hubo cursos, lecturas para radio, charlas. Rolando Sánchez Mejías se refiere a las performances como una de las tácticas de la «guerra de guerrillas» del grupo: «[…] íbamos a una conferencia y bajaba la Seguridad que nos eliminaba. Terminábamos ahí y un mes de descanso. Después íbamos a otro lugar y un performance, y lo mismo […]» (en Cabezas Miranda 2013: 134).

En términos de experimentación, Carlos A. Aguilera es quizás la figura del grupo que más se preocupa por situarse en el entrecruzamiento de la poesía con otras manifestaciones del arte, como el teatro y el video; su escritura es tensa y pone en crisis las formas discursivas bajo los cuales se concibe el texto poético, llevándolo a un territorio «en el cual ya no existe nada de lo que podríamos reconocer como tal: nos entrega "textos", fluidos inclasificables bajo ninguna denominación, porque lo que hace participa al mismo tiempo de todos los géneros» (Fowler 1999). La teatralidad y el ritual van a predominar como rasgos constitutivos de la poesía de Aguilera. Sus «lecturas» están mediadas por un estudio premeditado de lo que quería hacer y cómo lo

---

[4] Las entrevistas que Jorge Cabezas Miranda realiza a Duanel Díaz Infante, Gerardo Muñoz, Jorge Luis Arcos y Todd Ramón Ochoa figuran en *Revista Diáspora(s). Edición facsímil (1997-2002).*

haría. Hay un planeamiento del acto, y son actos pensados y ejecutados con la participación del público.

El video-performance *Retrato de A. Hooper y su esposa* es hasta el momento el único registro accesible[5]; abre una perspectiva de trabajo en la literatura cubana reciente para reflexionar sobre su intersección con las artes, y con esto pensar en un futuro repertorio de poesía y performance. Los problemas prácticos que ha presentado esta recuperación están relacionados a factores como el tiempo transcurrido, la condición diaspórica de los protagonistas, quienes salieron de Cuba sin buena parte de sus archivos personales, así como a la propia naturaleza de la tecnología, que con sus avances convierte en obsoletos algunos de los soportes documentales de las décadas aquí citadas, como es el caso del videocasete Betamax en que se grabó el *Retrato*. Sabemos que el flujo constante de las novedades en el campo audiovisual nos hace correr el riesgo de perder/borrar zonas enteras de la memoria cultural, si bien en este caso, después de veinte años, ha sido posible encontrar los equipamientos necesarios para reproducir y transferir el material al formato DVD. Contamos ahora con la difusión a través de la web para que tanto la información como la experiencia puedan ser preservadas de forma más eficiente.

Antes y después que performance, *Retrato de A. Hooper y su esposa* (1995) es un poema-libro, y *GlaSS* (1994-1995) uno de los poemas teatrales pertenecientes a *Das Kapital* (1997). Sobre *GlaSS*, afirma Aguilera,

> el ser humano es un conejo. Un conejo con muchos dientes. Descubrir esta verdad (profunda, esencial) y mostrársela a otros, era (fue) el enunciado principal de mi texto y del performance que de él realicé [...] *GlaSS* es un

---

[5] A posteriori aparecería el registro sonoro de *Proceso para la audición de GlaSS*. Se puede consultar aquí: <https://soundcloud.com/lbrt-club/glass>.

texto muy difícil de leer, con varias voces, varias velocidades, y creo más nunca lo leí, salvo en aquella ocasión en que ni siquiera lo leí en vivo.

Al igual que *GlaSS*, *Retrato de A. Hooper y su esposa* capitalizan las posibilidades performáticas de la boca; más que órgano de vocalización es aquí sinécdoque corporal, parodia de la propia voz que dice en off el poema. De hecho, la separación más evidente entre el *Retrato* textual y el *Retrato* performance es la de la ejecución, en esta última, de procedimientos de vocalización y puesta en escena, propios de la teatralidad.

En términos de ruptura las acciones de Carlos A. Aguilera se sitúan en los mismos bordes de la performance de arte, cuyas resonancias lo conectan con el teatro de Víctor Varela o la música de Philip Glass. En *Retrato*, la voz que registra el video no es la voz «natural», ni en el sentido de su musicalidad, tonalidad, modulación, ni en el sentido de ser la voz «en vivo». La intención de extraer la performance de lo efímero como su cualidad irreductible pone de manifiesto el interés de Aguilera en preservar su acción en su temporalidad histórica. La voz original se ha perdido, lo que tenemos en el video es una voz palimpséstica grabada sobre el silencio (la ausencia de la vocalidad en su manifestación irrepetible e intransferible).

Las performances de Aguilera dejan en claro que el grupo Diáspora(s) no tiene sólo un carácter rupturista sino también una carácter propositivo, que se expande más allá de la literatura.

Entrevista a Carlos A. Aguilera

IMA: *¿En tu experiencia, consideras que las performances poéticas que realizas en los primeros años de la década del noventa en*

La Habana están vinculadas al auge que tuvo la performance en el arte contemporáneo cubano en la década del ochenta?

CAA: Sí, creo que respondíamos en general a la misma pregunta. Y esta pregunta venía muy motivada por el encierro de la literatura y las artes en general en Cuba, por el hastío que sentíamos todos hacia la política cultural del país y hacia coartadas como tradición, modernismo, insularidad, trascendencia, historia, etc.

IMA: *¿Cuáles artistas fueron los que más te interesaron?*

CAA: Arturo Cuenca, Abdel Hernández, Aldito Menéndez... Además de las obras de teatro de Víctor Varela, cuyas representaciones yo tomaba como «construcciones performáticas», es decir, como un espacio a mitad de camino entre Hegel y la muerte del canon.

IMA: *¿Qué recuerdas de esas presentaciones?*

CAA: Recuerdo que Abdel estaba acostado y no se movía. Y recuerdo que Cuenca saltaba mucho, embutido en una suerte de traje de cosmonauta (que a su vez era como de luchador de Aikido) y decía algo... pero lo importante era el gesto, el salir de lo que ya estaba pactado y hacer otra cosa. Para mí, como escritor, esto era muy importante. Hasta el día de hoy las lecturas «normales», es decir, del autor ante su propio aplastamiento, me resultan difíciles de digerir.

IMA: *¿Además del video-performance* Retrato de A. Hooper y su esposa, *existe algún otro registro documental de tus presentaciones?*

CAA: Existe una cinta ORWO con la grabación de *GlaSS*, la que se escuchó en la Casa del Joven Creador[6].

IMA: *¿Por qué no existen otras «huellas» de tus performances?*

CAA: Por razones políticas ante todo. Por la penuria bajo la cual vivíamos. Lo que significa que conseguir una cámara de

---

[6] Véase nota 5.

video o fotos era una empresa muy complicada. Además de que pienso que lo grande de una performance como *GlaSS*, casi teatro y casi *happening*, estaba en su construcción, en su violencia, en su «momento», así que filmarlo no tenía mucho sentido. Lo importante era verlo, escucharlo, leerlo *in situ*.

IMA: *¿Cuál fue la reacción institucional ante la presentación de tus performances tomando en consideración el rápido movimiento de clausura, por parte de las instancias oficiales de la cultura, de la euforia artística de los ochenta? No está de más recordar que esa década había terminado con varios episodios de censura de exposiciones, y la del noventa abría sus puertas con el encarcelamiento de Ángel Delgado durante seis meses, por su performance «La esperanza es lo último que se está perdiendo».*

CAA: La reacción fue de asombro: asombro, curiosidad, frialdad y vigilancia, como es más o menos toda reacción del gobierno cubano ante un fenómeno nuevo pero que no los emplaza directamente. *Proceso para la audición de GlaSS* era una locura, pero era mi locura, y a pesar de que es un texto que habla del fascismo, ellos lo dejaron pasar e incluso lo aceptaron en *Das Kapital*, libro que se publicó en 1997, en La Habana, en la editorial Abril.

IMA: *¿Recibiste algún otro tipo de apoyo, además de la utilización de los espacios institucionales?*

CAA: No, ofrecieron el espacio y ya… De los amigos sí, claro. Todo el que se pudo en aquel momento.

IMA: *La primera presentación pública del grupo fue en diciembre de 1993, en la Sala José Lezama Lima del teatro García Lorca. Ricardo Alberto Pérez usó una máscara «a lo kabuki» para «llamar al ciudadano», mientras que tú, según recuerda Pedro Marqués de Armas, hiciste sonar un vaso de cristal, le sacaste «una serie de sonidos raros», y Rolando Sánchez Mejías leyó su poema «n». Carmen Paula Bermúdez, a su vez, evoca a*

Rolando, quien «puso la grabación de un texto que rememoraba con ironía la Revolución Francesa», al tiempo que exclamaba: «Citoyens, citoyens!... y se oía la risa de una madame enloquecida que era yo». De la lectura de «n» Carmen recuerda también que «hablaba de Nietzsche –o Nietzsche hablaba en el poema– [y] repetía la palabra «sulamita» de un modo al que no estábamos acostumbrados pues rompía el ritmo habitual y la manera de leer que de solemne pasaba a tragicómica». Esto es lo que he podido obtener de los testimonios recogidos por Jorge Cabezas en la edición facsímil de la revista Diáspora(s). *¿Recuerdas algo más de esa primera presentación?*

CAA: Efectivamente, hubo una primera lectura performática o de presentación del grupo en la sala Lezama Lima del teatro García Lorca, donde se repartió una hoja que no hemos podido recuperar, con la fórmula Diásporas ≠ Orígenes. La programó el difunto Albertico Acosta, quien era programador en el García Lorca. Recuerdo que Acosta estaba cagado de miedo. Seguro pensaba que nosotros íbamos a meterle candela a aquello o a gritar Abajo Fidel o cualquier otra cosa. En nuestras respectivas lecturas, tanto Rolando como yo jugamos un poco con el «Todesfuge» de Celan (poema –poeta– que nos obsesionaba), de ahí que Carmen Paula recuerde la palabra «sulamita» leída por Rolando en su extraordinario poema. En esa primera lectura yo leí varias cosas. Leí «B, Ce-» y leí «Tipologías» (la única vez que lo hice), además de un texto-partitura que no fue publicado nunca y era una canción hecha por mí. Canción que se tocaba con una cuchara y un vaso. En esa lectura también se presentaron Ricardo Alberto Pérez y Rogelio Saunders, que leyó algo breve. Pero todo ahí aún tenía el aura de la lectura, aunque traspasado por cierto *esprit* Dadá.

IMA: *Por lo que voy comprendiendo, las performances de Diáspora(s) van más allá de las que tú realizas. ¿Después volvieron* *a ejecutar otras acciones tan cercanas a la teatralidad como éstas del «début», en tanto que grupo?*

CAA: No exactamente. Después Rolando y yo hicimos una lectura donde se jugaba con la oralidad, en el Palacio del Segundo Cabo, pero el formato era el de una lectura tradicional que se cuestionaba a partir de la voz.

IMA: *¿Existía entre ustedes un consenso respecto a la necesidad de movilizar al espectador, o estaban más centrados en poner en crisis ciertas normas de declamación oficial, digamos, cierta imagen del poeta-recitador?*

CAA: Las dos cosas. Discutíamos mucho sobre el espacio de representación oral y escritural de un escritor «post», es decir, de alguien que ya no está atrapado en el «sentido», la metafísica, el canon, la norma identitaria, etc... O que pretende no estarlo. Y aparentemente a los que más nos interesaba esto era a Richard [Ricardo Alberto Pérez], Rolando y a mí.

IMA: *El público que asistía a las presentaciones estaba formado básicamente por escritores y artistas, ¿cierto? ¿Podrías mencionar el nombre de otros testigos activos o pasivos de tu actividad como performer en La Habana de los noventa?*

CAA: Bueno, Rolando Sánchez Mejías, Pedro Marqués de Armas, Ricardo Alberto Pérez, Antón Arrufat, Antonio José Ponte, Reina María Rodríguez, Rito Ramón Aroche y muchos más fueron a todas aquellas cosas. Supongo que algún recuerdo tendrán... Lo interesante de la performance es que después cada uno construye la suya propia bajo sus límites individuales e ideología.

IMA: *¿Recuerdas qué otros poetas se expresaron en ese registro escritura-gestualidad escénica en los años noventa?*

CAA: Rolando Sánchez Mejías intentó varias veces más que lecturas construir «escenarios», y un poco antes Omar Pérez y

Carlos Augusto Alfonso habían leído sus poemas acompañándose de instrumentos o haciendo otras cosas. Después, hasta donde sé, diferentes grupos de escritores han tomado el relevo y hecho lecturas no estáticas de sus textos, como Juan Carlos Flores, por ejemplo.

IMA: *¿Siempre se trató de acciones previamente planificadas, pensadas desde el lugar del espectador, como previendo su posible reacción?*

CAA: No. Eran acciones planificadas pensando en la saturación patética y patológica de la máquina literaria cubana, de su aburrimiento y repetición, de su «mieditis». El espectador era un segmento de algo más grande, que era contra lo que nosotros reaccionábamos.

IMA: *¿Los conversatorios posteriores a estas acciones buscaban verificar, digamos, las reacciones del espectador, explicar su finalidad? Por ejemplo, en el espacio Aglutinador Pedro y Rolando hablan con el público y releen fragmentos de* Retrato..., *inmediatamente después de terminada la lectura integral del poema en tu propia voz, de cuerpo presente.*

CAA: Yo creo que tenían un fin conceptual y pedagógico. Conceptual, porque formaban parte de toda esa reflexión que veníamos rumiando sobre literatura, política, canon... Pedagógico, porque en el fondo (y cómicamente) queríamos ilustrar a los demás, mostrarles que había otro espacio al que se podían acoplar y no sólo aquél, chiquitico, que es usual en la isla. Además, la gente también preguntaba, inquiría, y muchas veces –hay que decirlo todo– ni nos tomaban en cuenta. Por eso se hacía importante en ese momento ser muy claros con uno mismo y con los otros.

IMA: *¿Consideras que en tu trabajo como poeta la performance está más vinculada a la escritura que al teatro?*

CAA: Esa diferencia (escritura / representación) era precisamente una de las cosas que quería abolir. Uno de los dictados que más me molestaban de cierto modernismo, que suele entender y encerrar al escritor bajo determinada metafísica (la del papel en blanco, la de la «voz castrada», la del hombre sin piernas) y construir una suerte de pureza alrededor del género o canon con el que éste se identifica.

IMA: *Me gustaría que describieras el local preciso en que hiciste las performances.*

CAA: *Proceso para la audición de GlaSS* y *Retrato de A. Hooper y su esposa*, los dos fueron en la Casa del Joven Creador. Para *GlaSS* era una sala que parecía un aula grande. Con sillas de escuela incluso, esas que tienen una paleta para apoyar la libreta y escribir. El público estaba sentado ahí. Las sillas no estaban alineadas, sino más o menos bajo un orden caótico. Yo estaba al frente, como un maestro de escuela. Y la gente estaba amarrada al lado mío. Gente que yo movía hacia varios lados en lo que el texto se escuchaba. La sala estuvo tan oscura como fue posible. El *GlaSS* fue como a las 6 o 6:30 de la tarde. El *Retrato...* fue en el pasillo del segundo piso de la Casa del Joven Creador. Dos televisores y sillas hacia un lado y otro. Después, yo me senté en una silla (como las que usan los trovadores) y dialogué con la gente. Hubo un par de preguntas sobre el *Retrato* y la poesía cubana en general. Es todo lo que recuerdo.

IMA: *Sabemos que la otra cara de la memoria es el olvido, pero también sabemos que en el esfuerzo por recordar se construyen diversas memorias de un mismo hecho. Sobre la performance de* GlaSS, *en su momento circularon entre los poetas versiones que tendían a parodiarla, reduciendo su écfrasis al hecho de que hubieras ocultado la cabeza en un saco de papel para manifestar el ahogo, la muerte, mientras el público escuchaba en off, ininte-*

rrumpidamente, la lectura grabada del poema. *Más allá de las inconsistencias de la memoria, hay aquí un ejemplo para comentar y pensar en la temporalidad del performance, en la manera en que ingresa a un imaginario local de la representación poética, difícil de ser verificado.*

CAA: Bueno, la performance fue así: varios habíamos grabado previamente mi texto *GlaSS*, si mal no recuerdo, en la radio CMBF, gracias al poeta Jorge Yglesias, quien trabajaba allí y siempre ponía a nuestra disposición la cabina de la emisora. Y ese texto previamente grabado se escuchaba en un lugar cerrado, casi sin luz, y con pupitres de escuela por todas partes. El público fue entrando de a poco, pero algunos fueron seleccionados (al azar) y amarrados juntos con una soga larga y colocados en algún lugar de la sala con un cartucho en la cabeza –de aquí es que debe nacer la confusión–. Un cartucho grande que les tapaba toda la cara y no los dejaba mirar. Y lo que había que mirar, en verdad, no era mucho. Yo me movía caminando de una manera torcida y vestido con un kimono blanco por toda la sala, en lo que se escuchaba una y otra vez *GlaSS* y reaccionaba a aquel sonsonete como un jorobado reacciona a ciertas voces en las películas de Walt Disney. Reaccionaba y movía a mis «hombres-conejos» hacia alguna parte, además de arrinconarlos contra la pared, empujarlos, etc… Lo que recuerdo es que como en el minuto cuarenta uno del grupo se zafó y echó a correr fuera de la sala. Los otros a los pocos minutos también lo hicieron… y con ellos el público, que había asistido a un espacio de repetición, violencia y sin sentido. Y por supuesto, de oralidad-otra. De esto, lo que más me sorprendió, es que la gente en verdad aguantara tanto.

IMA: *En ese sentido, las diferentes versiones de una misma performance construidas por la memoria de una colectividad pueden* *funcionar como un dispositivo de recreación continua. ¿Qué opinas al respecto?*

CAA: Que sí, que es cierto, que hay una buena reflexión ahí sobre el instante y su apertura-clausura, pero en ese momento no se me ocurrió. Ni se me ocurrió ni se me podía ocurrir, ya que aunque hubiera querido, no tenía ninguna cámara a mano ni manera de conseguirla… Aunque esto que estamos haciendo ahora es, de alguna manera, un levantamiento de aquel cadáver, o como dices: «una recreación continua» de aquella performance. Y esto también es muy válido.

IMA: *¿*GlaSS *se representó en más de una ocasión?*

CAA: Sólo se presentó una vez. El único texto de *Das Kapital* que continué leyendo fue «B, Ce-». *GlaSS* es un texto muy difícil de leer, con varias voces, varias velocidades, y creo que más nunca lo leí, salvo en aquella ocasión en que ni siquiera lo leí en vivo. «B, Ce-», en cambio, es un texto que he leído mucho. Es un texto muy oral (o muy contra-oral), ya que lo que se escucha es la caricatura de algo. La caricatura de una música, de los textos de Benn y Celan, de la reverencia que se debe tener ante el dolor, de la historia en sí. Su ritmo, que es el mismo que usé para escribirlo, es uno de los «procesos» que más placer me dio en aquel momento. En «B, Ce-» no hay gestos o dramatismo ninguno. Es un texto netamente vocal, una anticanción, por decirlo así.

IMA: *¿Qué te motivó a realizarlo?*

CAA: Mi propia manera de entender la relación autor/literatura, la relación escritor/actor. O mejor, la del escritor que crea un espacio donde la representación (la voz, las ideas, la firma, el proceso) tiene una importancia fundamental. La del que entiende todo como espacio-de-obra.

IMA: *El video de* Retrato *no es promovido apenas por ti en tanto que poeta/performer, sino que el grupo Diáspora(s) comparte* *presentación, como consta en los créditos. Pregunto entonces ¿cómo es vista la performance desde la perspectiva del grupo? ¿Como performance colectiva? ¿Como objeto concreto de un proyecto estético? Tal vez sería bueno responder a esta pregunta teniendo en perspectiva la definición de performance de Patrice Pavis: a diferencia del actor, que desempeña el papel del otro, el performer ejecuta una puesta en escena «de su propio yo».*

CAA: Creo que a pesar de que en ese momento todo se intentaba hacer en base a una «construcción del nombre» (la participación de Rolando y Pedro Marqués de Armas en el Coloquio sobre Orígenes en 1994, por ejemplo, también fue «vivida» como una intervención de Diáspora(s) en el contexto intelectual cubano), estaba bastante claro cuáles eran las parcelas individuales, y en eso nadie se metía. Es decir: era algo que se inscribía en el adentro del grupo gracias a que uno de sus integrantes ideologizaba ese *locus*, lo que no significa que los demás se sintieran «colaboradores» o partícipes directos de ese evento, aunque de hecho estaban en el «adentro» de lo que había sucedido.

IMA: *¿Te parece que a esta puesta en escena de* Retrato... *la podemos llamar performance?*

CAA: Yo más que performance, a mis «lecturas» las llamaba (las llamo) procesos. Pero regresando a tu pregunta, creo que sí, *Retrato...* fue un performance. Se trató de crear un escenario falso para una lectura imposible que mostraba, a desfase y de manera infantil, una película falsa. Esa ideologización de la relación autor-público, y su deseo de provocar una discusión más que de sublimar el pathos del poema o el poeta, ha sido muy importante a la hora de concebir no sólo mis lecturas sino todo lo que escribí y continúo escribiendo.

IMA: *¿Qué dispositivos de lo teatral accionas en esta especie de grado cero de la lectura, de esa voz sin aura que ocupa el lugar de lo natural? Me refiero a recursos como la voz, el cuerpo, la luz, etc.*

CAA: Los recursos eran varios, y según la performance. En *GlaSS* la voz, la grabación, la luz, la posición del público (más cercano al teatro-arena), el cuerpo, la vestimenta… En *Retrato*…, no; fue como ir al cine. La gente fue invitada a una lectura y se encontró con la ausencia del autor y el reemplazo tecnológico (el video) de éste. El debate posterior supongo giró alrededor de esta ausencia, del lugar moderno/*no*moderno donde me inscribía, del *pathos*.

IMA: *¿Cómo podrías relacionar estas performances con tus breves piezas de teatro? Das Kapital es un libro, por ejemplo, en que la escritura dramatúrgica aparece casi como esperpento y desdoblamiento de la poesía. Me gustaría que mencionaras los autores y obras teatrales que leías, y las que viste montadas en esa época.*

CAA: Bueno, tengo un imaginario muy teatral. Creo que he dicho en alguna parte que más que la literatura, el teatro o la poesía, lo que me interesa es lo literario, lo teatral y lo poético. Es decir, la manera en que desde cierta percepción y cierta escritura el género teatro, poesía o literatura se «interrumpe» para convertirse y movilizar otra cosa. Esa transformación (esa «otra cosa») ha sido siempre esencial a la hora de intentar mis textos. Creo que en esa interrupción es donde se juntan textos como *GlaSS* y *Sinfonieta* y *Discurso de la madre muerta* por ejemplo. En esa interrupción y también en cierto expresionismo presente en el lenguaje de esos tres textos. Ahora, no hay que olvidar que *Sinfonieta* y *Discurso…* han sido hechos para mostrar su interrupción en la escena (su mala interrupción), y *GlaSS* no. La interrupción de *GlaSS* es oral, poética, trans-escénica.

Respecto a los autores: yo había visto algo de Peter Brooks, de Bob Wilson (*Civil Wars* si mal no recuerdo) y había escuchado con Rolando Sánchez Mejías, en su casa, *Einstein on the beach* de Phillip Glass. Rolando había traído el vinilo de Francia, creo. Había visto algo de Eugenio Barba y leído algún libro suyo.

Después lo conocí en La Habana, cuando su grupo dio aquel ciclo formidable en Casa de las Américas y otros teatros. Había leído un dossier muy bueno, con muchas fotos, opiniones, teorías, etc, sobre *I like America and America likes me,* la performance de Beuys con un coyote. También, sobre su *Cómo explicar los cuadros a una liebre muerta.* Un performance muy extraño, taxonómico y matemático a partes iguales. Si mal no recuerdo, mi amigo, el pintor Nelson Villalobos, quien con frecuencia nos traía libros a Rito, Almelio Calderón y a mí, nos había regalado aquella revista dedicada íntegramente a Beuys. Había leído a Kantor y otras cosas que ya ni recuerdo. Supongo que todos los artículos sobre teatro y discurso teatral traducidos por Desiderio Navarro para *Criterios.* En fin, todo lo que pude. En Cuba siempre me parecieron magistrales las obras montadas por Víctor Varela desde finales de los ochenta, no está de más decirlo.

IMA: *¿Crees que podríamos pensar la poesía sonora de John Cage como una de las raíces de tus performances?*

CAA: Sin dudas. John Cage y Joseph Beuys y Tadeusz Kantor fueron muy importantes. De Cage me había leído varios libros y escuchado su música. Incluso, para un número de *Diáspora(s)* ayudé a Todd Ramón Ochoa a traducir «Conferencia sobre algo», uno de los mejores textos del autor de *Atlas Eclipticalis.* De Beuys había visto y leído todo lo que se podía ver en bibliotecas particulares y en la biblioteca del Centro Wifredo Lam, que recuerdo estaba más o menos bien proporcionada. De Kantor, gracias a Atilio Caballero, había leído ya su excelente «El teatro de la muerte», una de las poéticas más radicales que haya elaborado alguna vez un dramaturgo que incluso había intentado dejar de serlo.

IMA: *A comienzos de los noventa Christian Ide Hintze visitó La Habana. Sería bueno recordar con más precisión a qué poetas extranjeros de los que visitaron La Habana en los años noventa, tú o ustedes los de Diáspora(s) se acercaron, y si ese acercamiento* *estuvo mediado por esa voracidad de información de que se habla en casi todos los testimonios recientes que hablan de la vida literaria cubana de esos años. Me pregunto qué conociste del trabajo de Ide Hintze y si fue significativo para tu reflexión sobre las posibilidades vocales, corporales, tecnológicas y civiles de la poesía.*

CAA: La manera de construir de Ide Hintze fue muy interesante: su manera de vaciar el lugar del autor de toda herencia y otorgarle un espacio antropológico, de artesanía teatral, de chamán casi. En este sentido fue importante. Ahora, habría que ver cuándo fue exactamente Ide Hintze a Cuba, porque creo que muchas de sus propuestas ya estaban en nuestras discusiones, en nuestra manera de repensar al autor y a la poesía en general. Recuerdo que Hintze leyó para nosotros en la Azotea algunos de sus textos. O actuó, mejor dicho. Y nosotros hicimos lo mismo. Y ya en ese momento yo leía mi poesía desde su particularidad, desde su «constructo paródico», desde su negación. Esto hizo que Hintze me enviara después a mi casa, por correo (que llegara un paquete de Austria fue todo un asombro, lo recuerdo) sus libros y discos compactos firmados. Pero para mí en particular, más importante que Hintze fue un disco de Joyce que escuché, donde leía, creo, fragmentos del *Finnegans Wake* y donde cambiaba las voces constantemente, y un disco maravilloso de José Coronel Urtecho donde leía uno de los mejores poemas en español que existen, *Pequeña biografía de mi mujer*. Un disco editado por Casa de las Américas. También hay que decir que Ernesto Cardenal lee de una manera muy curiosa sus poemas, y yo de muy joven, antes de los veinte años, asistí a una lectura de él y me quedé asombrado con esa posibilidad. Esto, más todo lo hablado antes sobre teatro y representación, fue muy importante para mí.

IMA: *En su testimonio sobre los años de Diáspora(s), Ismael González Castañer afirma que siempre has sido un provocador,* *un buscapleitos, que te gusta incomodar al público, a los lectores. En tus textos esto es claramente perceptible, por el tono que obtienes mediante el uso de diminutivos, por ejemplo, y que en la lectura de* Retrato... *despuntan en la voz de falsete, en la parodia de la solemnidad, que sostienes magistralmente durante toda la lectura. Además, teatralizas en un registro sombrío un discurso que aparentemente no tiene nada que ver con la poesía. Esta cualidad que está en todo lo que escribes, ¿cómo se manifiesta en las performances de* GlaSS *y de* Retrato?

CAA: Bueno, en verdad no me gusta incomodar a nadie, sino descolocar el «lugar» que usualmente una tradición, una política o un público en general le asigna a la literatura o a ciertos géneros. Es decir, repensar ese lugar y «testar» sus límites. Creo además que esto es casi lo único que tiene sentido en cualquier espacio-arte. En las performances es difícil decirte algo más de lo ya dicho. La provocación era el hecho en sí de poner la literatura o ciertos textos en un lugar que tradicionalmente no le ha pertenecido y donde nadie la espera. Ese «desplazamiento», que era el terror para algunos –creo que Roberto Zurbano me llamó en público así–, para mí era un ejercicio de reflexión, de lucha conmigo mismo y con lo que creía –creo– debe ser el imaginario que un escritor debe construir. Imaginario que, dicho sea de paso, siempre está en puro proceso… por eso le llamaba a las performances así: Procesos. Para mí era muy importante esa definición.

IMA: *Por su parte Todd Ramón Ochoa, con su perspectiva antropológica y su propia experiencia como traductor-colaborador de la revista, sostiene que* Diáspora(s) *podría ser considerado «un proyecto curatorial» que «quizá merezca un lugar dentro del performance cubano», aunque, sobre esto último, no está seguro del todo…*

CAA: Estoy totalmente de acuerdo. Pienso que la revista fue, en sí, un proyecto-arte. Una performance que englobaba su realización, su selección, su repartición, su falla, etc. En aquel momento él y yo ya lo veíamos así: una revista-instalación. Creo que no sería errado decir que el imaginario de Diáspora(s), si es que en verdad existe una suerte de «saber colectivo» en toda masa, era un imaginario performático. Después cada uno negoció esto en su propia escritura a su manera. Pero el imaginario y los agenciamientos (las charlas, los cursos, los performances, hasta las discusiones privadas) eran muy performáticas. La revista, a posteriori, fue el culmen de todo esto…

São Paulo-Praga, abril-junio de 2014
Publicado originalmente en Badebec 4 (7), septiembre de 2014

REFERENCIAS

CABEZAS MIRANDA, Jorge (ed.) (2013): *Revista Diáspora(s). Edición facsímil (1997-2002)*. Barcelona: Red / Linkgua.

CAMNITZER, Luis (2003): *New Art of Cuba*. Austin: University of Texas Press.

FOWLER, Víctor (1999): «La tarea del poeta y su lenguaje en la poesía cubana reciente». En *Casa de las Américas* 215, abril-junio: 11-25.

FUSCO, Coco (2000): *Corpus Delecti. Performance art of the Americas*. New York: Routledge.

LAMBERT-BEATTY, Carrie & MOSQUERA, Gerardo & POSNER, Helaine (2009): *Tania Bruguera. On the Political Imaginary*. Milano / New York: Charta.

O'REILLY HERRERA, Andrea (2011): *Cuban Artists across the Diaspora: Setting the Tent against the House*. Austin: University of Texas Press.

WEISS, Rachel (2010): *To and From Utopia in the New Cuban Art*. Minneapolis: University of Minnesota Press.

STIMSON, Blake & SHOLETTE, Gregory (2007): *Collectivism after Modernism (The Art of Social Imagination After 1945)*. Minneapolis: University of Minnesota Press.

Memorias de la clase muerta
Bibiana Collado Cabrera

BCC: *La construcción de la historiografía cubana a lo largo de la segunda mitad del siglo XX y en la actualidad ha sido objeto de múltiples polémicas. La elaboración de antologías de poesía y de historias de la literatura ha tendido –y tiende– a estructurarse en torno a un hecho histórico y simbólico tan determinante como la Revolución. En la compilación* Memorias de la clase muerta. Poesía cubana 1988-2001 *(2002), de la cual usted participa, se incluye un prólogo a cargo de Lorenzo García Vega en el cual se afirma «Nada de contextos, entonces, para acercarse a los poetas de la clase muerta. Nada de contextos, ni de Historia». ¿Es posible y/o necesario acercarse a la producción poética cubana desde un afuera de la Historia?*

CAA: Sería recomendable. La poesía –la literatura cubana en general– sobre todo a partir del período Revolución siempre ha sido vista, medida, deconstruida a partir del fenómeno político, del pequeño espacio que política e historia (en la Cuba de los hermanos Castro estos dos conceptos se confunden intencionadamente para decir lo mismo) le han dejado a la literatura. Así que, repito, no estaría mal. Nada como el «afuera» para ver lo enfermito que está el «adentro».

BCC: *En el epílogo a esta antología, «Memorias de la clase muerta», del cual es usted autor, se apunta una frecuente confusión entre tradición y escritura como eje articulador de la producción antológica cubana. ¿A qué tradición está aludiendo? ¿cómo se manifiesta esta confusión?*

CAA: A la tradición literaria cubana, la cual en nombre de cierta repetición, cierto «derecho histórico», cierta *castratio* (las tradiciones son más tiranas de lo que pensamos) delimita lo que debe entenderse como cubano y lo que no. O lo que debe entenderse como Literatura en general. Sin embargo, en el momento en que hice *Memorias de la clase muerta* creía –aún creo– que una cosa es la literatura, con sus géneros, sus clasificaciones, sus archivos... y otra, la escritura, más privada, más ininteligible, más no-democrática, como esas gaveticas secretas que tienen todos los buenos armarios y en el siglo XVIII servían para guardar veneno.

BCC: *En este mismo epílogo, hace referencia a una oposición fundamental que ha quedado diluida a través de la construcción historiográfica de las últimas décadas, lo que usted denomina «ficciones de escritor versus ficciones de Estado». ¿Podríamos afirmar que la maquinaria estatal cubana asimila y se apropia de las diversas escrituras producidas en la isla para reforzar la idea de una Literatura-Nación? En caso afirmativo ¿de qué estrategias se sirve con este fin?*

CAA: De todas las que tiene a su alcance. E imagínate cuántas estrategias puede tener un estado que ha sido diseñado como un todo. Un todo engañizo y rácano, represivo. En Cuba existe una política cultural, la cual dictamina lo que es cultura y lo que no. Dictamina lo que se publica y lo que no. Dictamina quién puede ser visible y quién no. Dictamina quién habla y quién no. Al punto de que los escritores del exilio, por lo menos hasta que yo salí en el 2002, ni siquiera aparecían en el Diccionario de Literatura Cubana. No existían. No podían formar parte de la Literatura de la isla.

BCC: *Entre las afirmaciones que realiza en este epílogo se halla la de que el Estado «reduce todo imaginario a la pregunta por la*

Nación, al telos *y sus representaciones identitarias». ¿Continúa vigente este planteamiento? ¿Cómo se manifiesta?*

CAA: Supongo que sí, aunque repito, salí ya hace mucho y no vivo el día a día cubano. Pero imagino que sí, que en este caso no ha cambiado nada. Responde a los escritores subvertir (destruir) esa telilla de araña con la que el estado cubano –más monstruo que mito– te atrapa.

BCC: *¿Cuál es el nivel de alcance de este supuesto –la asimilación de toda producción poética a una representación identitaria por parte del Estado cubano–, no sólo en el circuito cultural interno de la isla, sino en su proyección en el extranjero?*

CAA: El alcance es engañosamente diferente. El gobierno cubano, a través de su pensar-institución (que no sólo se basa en editoriales, sino en charlas, revistas, estudios, tesis…), legitima lo que puede ser considerado identidad y alrededor de ésta organiza toda la vida cultural de la isla. En el extranjero se basa en otra cosa, y ha variado según épocas y países. Generalmente se ha basado en la concentración de ciertos estereotipos, de cierta «impostación de la identidad», de cómo ciertos editores entienden lo cubano, qué vende y qué no (y como nadie lo sabe, entonces mejor echar mano al estereotipo). Esto ha hecho que por ejemplo la mayoría de las editoriales españolas rechazaran en su momento *De donde son los cantantes* y *Cobra* de Sarduy, quien tuvo que irse a Argentina a publicarlas. O no se publicara *Paradiso* de Lezama hasta muchos años después de su muerte. *A propos*, en el breve obituario que le dedicó *El país* a Lezama, el 10 de agosto de 1976, se refieren a su gran novela como «la cumbre de la literatura revolucionaria». Evidentemente los señores de *El País* ni siquiera se habían enterado que la novela estaba e iba a estar todavía unos cuantos años más prohibida en Cuba. Con el tiempo la situación se ha maquillado un poco, pero esencialmente sigue siendo igual. Si el público y la editorial que construye a ese público quieren, por ejemplo, historias a lo Pedro Juan Gutiérrez (es sólo un dato, no una crítica) entonces alguien como Rolando Sánchez Mejías no tendrá nunca chance, ya que sus relatos no pasan por esa zona de la experiencia, de lo «testimonial»... Y al final aunque alguna vez hayan sido publicadas no lo volverán a ser, ya que un cubano que hable de Alemania y además en una prosa sin *pathos*, sin drama, es algo que generalmente a masa y editores no les va a funcionar mucho. Como diría Gertrude Stein: literatura *inaccrochable*.

BBC: *En el epílogo ampliamente citado, se hace referencia a la cantidad de poéticas recientemente incorporadas en diversas antologías publicadas a lo largo de la década de los noventa: «gay, freakie, civiles, barrhuecas». Ciertamente, críticos de distinta índole, como Víctor Fowler, Virgilio Lopez Lemus o Roberto Zurbano Torres*[1] *se han hecho eco en sus estudios de la emergencia de textos marcados por la expresión de una supuesta subjetividad homosexual, femenina, marginal-negrista, etc. En* Memorias de la clase muerta, *usted afirma que estas nuevas tendencias «pueden ser insertadas dentro de una ontología reaccionaria (creencia lírica en una arcadia, mística de la cotidianidad elemental, búsqueda provinciana de la Memoria...) o en el narcisismo palabrero común a un gran segmento de la poesía neorigenista». ¿Han sido estas corrientes instrumentalizadas por el circuito «oficial» cubano? ¿La introducción de estas temáticas ha supuesto cambios en el lenguaje poético hegemónico? ¿En qué aspecto son reaccionarias estas tendencias?*

---

[1] Fowler, Víctor (1999): «Terminan los 90». En *SIC Revista literaria y cultural* 2: 10-15; López Lemus, Virgilio (2008): *El siglo entero. El discurso poético de la nación cubana en el siglo* XX, *1898-2000.* Santiago de Cuba: Editorial Oriente; Zurbano Torres, Roberto (1996): *Poética de los noventa ¿Ganancias de la expresión?* La Habana: Abril.

CAA: Son dos cosas diferentes, y las dos muy complejas. No creo que la diversidad de poéticas en Cuba hayan sido en su origen instrumentalizadas por el gobierno cubano, aunque *a priori* hayan nacido en un contexto raptado y sublimado por él, tal y como es todo contexto privado en Cuba. Lo interesante está en que a partir de cierto momento el gobierno cubano pasa –pasó– por una crisis de identidad política y cultural grande (años ochenta más o menos) y decide dar espacio a una serie de poéticas que hasta ese momento tenían presencia nula en el circuito oficial de la isla. Y esto, más la fuerza que hacen una serie de escritores para que su lugar fuese reconocido dentro de ese contexto, terminó por hacer visibles a muchos que, por ejemplo, en los años setenta, no tenían ninguna voz, y lo que es peor, ni siquiera podían soñar con tenerla.

Lo de reaccionario se refiere exclusivamente a la pregunta por los géneros y a la pregunta por la tradición. Una poética, sea cual sea, que no se haga la pregunta por el género o no intente subvertirlo o no intente convertirlo en lo que debería ser todo género, un fuera de foco, es por antonomasia reaccionaria, ya que para existir ha tenido que aceptar la *ius* que ya antes de nacer le habían otorgado, esa ontología negativa tan propia de la literatura. Ontología que –todo hay que decirlo– a la vez ha producido muy buena literatura. Es decir, que algo sea reaccionario no es una pregunta por la calidad, por lo «bueno» o no de un texto, por su legitimidad. No. Con el término reaccionario sólo intentaba explicar lo que yo veía como una «manera inocente de practicar literatura».

BBC: *Con respecto a la amplia producción antológica publicada dentro y fuera de Cuba ¿qué lugar ocupa* Memorias de la clase muerta? *¿Se inscribe en alguna corriente de compilación? ¿Podría emparentarse con alguna otra selección anterior o posterior?*

CAA: *Memorias de la clase muerta* es una antología sobre un concepto, sobre una manera de entender la poesía, de jugar y enfrentarse a ella. En este sentido es falso de que fuera una antología sobre Diáspora(s), tal y como se leyó en su momento. No lo era. Por eso en sus páginas aparecen Omar Pérez, Juan Carlos Flores, Rito Ramón Aroche y debió también aparecer, si un desencuentro en el camino no lo hubiera excluido de mi selección, Carlos Augusto Alfonso. Todos ellos poetas que no pertenecían al grupo. Y creo que no, que una antología así no había sido hecha antes en Cuba, en cuanto a poesía se refiere. Su intención no era cartografiar nada, mostrar el mapa poético cubano, el devenir lírico de la isla o algo así. Su intención era mostrar únicamente «un» foco de la poesía cubana de los últimos años. Un foco con muchas ramificaciones pero un centro muy bien ubicado: el conceptual.

BCC: *¿Hasta qué punto las historiografías y antologías han dado cuenta de las modificaciones experimentadas por la producción poética cubana? En su opinión ¿han ofrecido y ofrecen una visión certera de las escrituras de las últimas décadas y del panorama actual?*

CAA: Depende de lo que se esté buscando. Si lo que se quiere es tener idea del coro, quizá la mayoría de las antologías que se hicieron y continúan haciéndose sobre poesía cubana logren ubicar a alguien en el mapa, hacer su ruidito. Si lo que se quiere es precisión, recorrer cada vericueto de ese mapa, entender de verdad uno a uno los diferentes espacios de eso que llamamos «poesía cubana», entonces la mayoría de éstas no servirán para nada. Las antologías, y asumo mi radicalidad, mientras más cierren su ojo, mejor. Mientras más profundo abran su madriguera, más oxígeno van a ofrecer.

BCC: *A su juicio ¿cuáles han sido las principales transformaciones que han tenido lugar en la escritura poética cubana? ¿Se* *puede hablar, hoy, de un lenguaje poético o de un lenguaje crítico hegemónico en Cuba?*

CAA: No, pienso que no. Además, mientras menos hegemonía exista, mejor para todo el mundo. La principal, o las dos transformaciones más importantes de la norma poética en Cuba, han sido la que llevaron a cabo en los años ochenta una serie de escritores, moviendo el foco de un realismo mal entendido, de un conversacionalismo patriótico y «cederista», de un latinoamericanismo idiotizado, a un juego con la subjetividad, lo enfermo, la falsa mitificación, la esquizotipia. Ahí están, por ejemplo, Angel Escobar, Reina María Rodríguez, Sigfredo Ariel, Omar Pérez… Y después la que realiza el grupo Diáspora(s), en los años noventa, usando ese paradigma ya abierto por los poetas anteriores y desquiciándolo, llevándolo a una zona de frialdad, de antimetafísica, de no-género, de caricaturización, de retrocivilidad. Estos dos cortes, por llamarlos de alguna manera, creo, son los dos más importantes desde la generación de Orígenes en la poesía cubana.

Notas

Retrato de A. Hooper y su esposa

De *Retrato...* poco más que agregar que lo ya dicho en *Cuba años noventa*, la entrevista que me hiciera hace algún tiempo Idalia Morejón Arnáiz y se incluye en la Addenda a este libro. Sólo consignar que el libro, en 1995, recibió el Premio David de poesía en La Habana, y el jurado, compuesto por tres notables poetas, no se atrevió o «no quiso cargar con la responsabilidad» de premiarlo en solitario (así me deslizaron *sottovoce*). Veinte años después, nadie recuerda los otros libros que también recibieron el premio.

Das Kapital

Mi admiración por las vanguardias y el *cut-up*, método desarrollado por el genial Burroughs, me hizo emprender este libro, mitad cita mitad parodia mitad laboratorio. Como pienso que nadie ha explicado mejor su «enredo» que Gerardo Muñoz en excelente ensayo, aquí les va un fragmento: «Aguilera en poesía hace con Marx lo que *Noticias de la antigüedad ideológica*, el gran filme de nueve horas de Alexander Kluge, hace desde el cine. De la misma forma que no hay exterioridad a la lógica del capital, no hay lógica a la representación cultural del comunismo. Sólo puede trabajarse desde el pastiche, el collage, el conceptualismo, la posibilidad del ready-made, finalmente la repetición del *Das Kapital* de Marx por un nuevo *Das Kapital* de un poeta cubano instalado en la última década del siglo veinte». En esta edición reproducimos *Das Kapital* tal y como salió en su primera versión.

Mao

Nada más bello y cruel que aquella matanza ordenada por Mao Tse Tung contra los gorriones. Al punto, que varios documentales y archivos de época recogen todo tipo de dato o huella relacionada con ella. Años después de haber escrito el poema, conocí en Bonn al embajador alemán en China en aquellos momentos... El me contó que aparte de los francotiradores, los chinos también habían inventado un aparato que hacía un ruido atroz que le reventaba el tímpano a los pájaros y hacía que cayeran por cientos de los árboles. En fin, la locura –la eterna locura– al servicio del desastre.

Cronología

Este es uno de los textos «raros» que he escrito (raro no por virtud sino por imposibilidad). Intenté escribir un poema y, a mi entender, salió un relato, tal y como me confirmó alguna vez el crítico Salvador Redonet, quien lo incluyó en una antología de narrativa. En fin, un pequeño homenaje a Wittgenstein, no el racional, el frío, el hombre-*tractatus*, sino al otro, el que quizo romperle un atizador a Bertand Russell en la cabeza; el loquito.

nabokov. una biografía

Inédito hasta hoy, *Nabokov...* es un poema que escribí en 1997, en La Habana, y volví a redescubrir el año pasado cuando mi amigo, el poeta Rito Ramón Aroche, me envió parte de mis papeles a Praga. Supongo que el poema en aquel momento no me gustaba demasiado o aún le faltaba ese extra que uno busca en todo lo que escribe, esa insania, como escribe Manganelli. En todo caso, redescubro con asombro que el poema se regodeaba en una zona (la literatura-teatro, la literatura-performance, la literatura-laboratorio) que para mí, en aquel momento, ya era fascinante, y aún hoy, con ligeros cambios, continúa siéndolo. ¡Vida eterna a lo que uno fue y, pasados los siglos, aún perversa y desquiciadamente es!

Huamán, Carlos. 2004. *Pachachaka. Puente sobre el mundo. Narrativa, memoria y símbolo en la obra de José María Arguedas*. Mexico City: El Colegio de México/UNAM.
Jameson, Fredric. 1981. *The political unconscious: Narrative as socially symbolic act.* Ithaca: Cornell University Press.
Jameson, Fredric. 1986. Third World literature in the era of multinational capitalism. *Social Text* 15: 65–88.
Jameson, Fredric. 1991. *Postmodernism, or the cultural logic of late capitalism.* Durham: Duke University Press.
Kapsoli, Wilfredo (ed.). 2004. *Zorros al fin del milenio: actas y ensayos del seminario sobre la última novela de José María Arguedas.* Lima: Universidad Ricardo Palma/Centro de Investigación.
King, John. The essays. In *The Cambridge companion to Mario Vargas Llosa*, ed. Efraín Kristal and John King, 148–167. Cambridge: Cambridge University Press.
Kokotovic, Misha. 2001. Mario Vargas Llosa writes of(f) the native: Modernity and cultural heterogeneity in Peru. *Revista Canadiense de Estudios Hispánicos.* 25(3): 445–467.
Kokotovic, Misha. 2006. *La modernidad andina en la narrativa peruana. Conflicto social y transculturación.* Berkeley/Lima: Latinoamericana Editores.
Kokotovic, Misha. 2006. "Transculturación narrativa" y modernidad andina: nueva lectura de *Yawar fiesta*. In *José María Arguedas: hacia una poética migrante*, ed. Sergio R. Franco, 39–60. Pittsburgh: Instituto Internacional de Literatura Iberoamericana.
Kristal, Efraín. 1990. Mario Vargas Llosa y la función social de la literatura. In *La voluntad del humanismo*, ed. B. Ciplijauskaisté and C. Maruer, 249–260. Barcelona: Anthropos.
Kristal, Efraín. 1999. *Temptation of the word. The novels of Mario Vargas Llosa.* Nashville: Vanderbilt University Press.
Kristal, Efraín. 2001. La política y la crítica literaria. El caso Vargas Llosa. *Perspectivas* 4(2): 339–351.
Kristal, Efraín. 2012. From Utopia to reconciliation: *The way to paradise*, *The bad girl* and *the dream of the Celt*. *The Cambridge companion to Mario Vargas Llosa*, ed. Efraín Kristal and John King, 129–146. Cambridge: Cambridge University Press.
Kristal, Efraín, and John King (eds.). 2012. *Cambridge companion to Mario Vargas Llosa*. Cambridge: Cambridge University Press.
Lambright, Anne. 2007. *Creating the hybrid intellectual. Subject, space and feminine in the narrative of José María Arguedas.* Lewisburg: Bucknell University Press.
Landa Vásquez, Ladislao. 2010. José María Arguedas nos engañó. Las ficciones de la etnografía. *Revista de Crítica Literaria Latinoamericana* 36(72): 129–154.

Larco, Juan (ed.). 1976. *Recopilación de textos sobre José María Arguedas.* Havana: Casa de las Américas.
Larsen, Neil. 2001. *Determinations: Essays on theory, narrative, and nation in the Americas.* London: Verso.
Lauer, Mirko. 1989. El liberal imaginario. Mario Vargas Llosa político de los años 80. *El sitio de la literatura. Escritores y política en el Perú del siglo XX.* Lima: Mosca Azul.
Lauer, Mirko. 1997. *Andes imaginarios: Discursos del Indigenismo 2.* Lima: SUR/ Casa de Estudios del Socialismo.
Legrás, Horacio. 2008. *Literature and subjection: The economy of writing and marginality in Latin America.* Pittsburgh: University of Pittsburgh Press.
Lévi-Strauss, Claude. 1966. *The savage mind.* Chicago: University of Chicago Press.
Lienhard, Martín. 1980. La última novela de Arguedas: imagen de un lector futuro. *Revista de Crítica Literaria Latinoamericana* 12: 177–196.
Lienhard, Martín. 1990a. *Cultura popular andina y forma novelesca: zorros y danzantes en la última novela de Arguedas.* Lima: Ed. Horizonte.
Lienhard, Martín. 1990b. La 'andinización' del vanguardismo urbano. In *El zorro de arriba y el zorro de abajo,* ed. Eve-Marie Fell, 321–332. Madrid: Editorial Archivos.
Lienhard, Martín. 1991. *La voz y su huella. Escritura y conflicto étnico-social en América Latina, 1492–1988.* Hanover: Ediciones del Norte.
Lienhard, Martín. 2010. La antropología de J. M. Arguedas: una historia de continuidades y rupturas. *Revista de Crítica Literaria Latinoamericana* 36(72): 43–60.
Lihn, Enrique. 1983. *Al bello aparecer de este lucero.* Santiago de Chile: Lom Ediciones.
Losada, Alejandro. 1984. La internalización de la literatura latinoamericana. *Littérature et Société en Amérique Latine. Cahiers du monde hispanique et luso-brésilien* 42: 15–40. Presses Universitaires du Mirail.
Manrique, Nelson. 1992. *El tiempo del miedo. La violencia política en el Perú 1980–1996.* Lima: Fondo Editorial del Congreso del Perú.
Manrique, Nelson. 1995. José María Arguedas y la cuestión del mestizaje. In *Amor y fuego. José María Arguedas 25 años después,* ed. Maruja Martínez and Nelson Manrique, 77–90. Lima: SUR, Desco, CEPES.
Marcos, Juan Manuel. 1984. La ternura pensativa de José María Arguedas. *Revista Iberoamericana* 127 (April-June): 445–457.
Mariaca, Guillermo. 1992. *El poder de la palabra. Ensayos sobre la modernidad de la crítica literaria hispanoamericana.* Havana: Casa de las Américas.
Martin, Gerald. 1987. Mario Vargas Llosa: Errant knight of the liberal imagination. In *On modern Latin American fiction: A survey,* ed. John King, 205–233. London: Faber & Faber.

Martínez, Maruja. Ha muerto Arguedas. Entre el amor y la furia. *Ciberayllu.* http://www.andes.missouri.edu/andes/Arguedas/MMC_Entierro.html. Accessed 15 Dec 2012.
Martínez, Maruja, and Nelson Manrique (eds.). 1995. *Amor y fuego. José María Arguedas 25 años después.* Lima: SUR, Desco, CEPES.
Mayer, Enrique. 1991. Peru in deep trouble: Mario Vargas Llosa's *Inquest in the Andes* reexamined. *Cultural Anthropology* 6(4): 466–504.
Mazzotti, José Antonio, ed. 1996. *Asedios a la heterogeneidad cultural. Libro de homenaje a Antonio Cornejo Polar.* Ann Arbor: Asociación Internacional de Peruanistas.
Meléndez, Priscilla. 2006. *The politics of farce in contemporary Spanish American theatre.* Chapel Hill: University of North Carolina Press.
Mercer, John, and Martin Shingler. 2004. *Melodrama: Genre, style, sensibility.* London: Wallflower Press.
Mignolo, Walter. 2003a. *Local histories/global designs. Coloniality, subaltern knowledges, and border thinking.* Princeton: Princeton University Press.
Mignolo, Walter. 2003b. *Historias locales/diseños globales: Colonialidad, conocimientos subalternos y pensamiento fronterizo.* Madrid: Ediciones AKAL.
Millones, Luis. 2010a. Una mirada a la tesis doctoral de J. M. Arguedas. *Revista de Crítica Literaria Latinoamericana* 36(72): 21–41.
Millones, Luis. 2010b. Palabras iniciales. *Revista de Crítica Literaria Latinoamericana* 36(72): 11–13.
Mitchell, W.J.T. 1995. Translator translated. (Interview with cultural theorist Homi Bhabha). *Artforum* 33(7): 80–84.
Mitchell, Angus. 2005. *Casement: Life and times.* London: Haus Publishing.
Montoya Rojas, Rodrigo. 2006. *De la utopía andina al socialismo mágico. Antropología, Historia y Política: de la utopía andina al socialismo mágico.* Cuzco: Instituto Nacional de Cultura.
Montoya Rojas, Rodrigo. 2009. Rodrigo Montoya critica *La Utopía Arcaica.* 5 Nov 2009. http://www.buenastareas.com/ensayos/Rodrigo-Montoya-Critica-a-La/42899.html. Accessed 9 Mar 2012.
Montoya Rojas, Rodrigo. *Todas las sangres:* ideal para el futuro del Perú. *Ciberayllu.* http://www.andes.missouri.edu/andes/Arguedas/RMCritica/RM_Critica1.html. Accessed 14 May 2012.
Moore, Melisa. 2003. *En la encrucijada: Las ciencias sociales y la novela en el Perú. Lecturas paralelas de Todas las sangres.* Lima: Fondo Editorial Universidad Nacional Mayor de San Marcos.
Moore, Melisa. 2004. Between two worlds. The poetics of ethnographic representation: José María Arguedas. Las comunidades de España y del Perú. *Bulletin of Spanish Studies* 81(2): 175–185.
Moore, Melisa. Encuentros y desencuentros de la novela y las ciencias sociales en el Perú: repensando *Todas las sangres* de José María Arguedas. In *José María*

Arguedas: hacia una poética migrante, ed. Sergio R. Franco, 267–284. Pittsburgh: University of Pittsburgh Press.

Moraña, Mabel. 1984. *Literatura y cultura nacional en Hispanoamérica. 1910–1940*. Minneapolis: Ideologies and Literature.

Moraña, Mabel. 1997. Ideología de la transculturación. In *Ángel Rama y los estudios latinoamericanos*, 137–145. Pittsburgh: IILI, Críticas.

Moraña, Mabel. 2004. *Crítica impura*. Frankfurt/Madrid: Vervuert/Iberoamericana.

Moraña, Mabel. 2006. Territorialidad y forasterismo: la polémica Arguedas/Cortázar revisitada. In *José María Arguedas: Hacia una poética migrante*, ed. Sergio R. Franco. Pittsburgh: Instituto Internacional de Literatura Iberoamericana.

Moraña, Mabel. 2009. Mariátegui en los nuevos debates. Emancipación, (in)dependencia y "colonialismo supérstite" en América" Latina. In *José Carlos Mariátegui y los estudios latinoamericanos*, ed. Mabel Moraña and Guido Podestá. Pittsburgh: IILI, Serie Críticas.

Moraña, Mabel. 2011. *La escritura del límite*. Frankfurt/Madrid: Vervuert/Iberoamericana.

Moraña, Mabel. 2012. *El ojo que llora*: Biopolítica, nudos de la memoria y arte público en el Perú de hoy. *Revista de Estudios Latinoamericanos* 54: 183–216.

Moraña, Mabel. El afecto en la caja de herramientas. In *El lenguaje de las emociones. Afecto y cultura en América Latina*, ed. Mabel Moraña and Ignacio Sánchez Prado, 313–337.

Moraña, Mabel. Borges y yo: Primera reflexión sobre 'El etnógrafo.' In *Crítica impura*, 103–122. Madrid: Iberoamericana Vervuert.

Moraña, Mabel, and Ignacio Sánchez Prado (eds.). 2012. *El lenguaje de las emociones. Afecto y cultura en América Latina*. Frankfurt/Madrid: Vervuert/Iberoamericana.

Moreiras, Alberto. 2001. *The exhaustion of difference: The politics of Latin American cultural studies*. Durham: Duke University Press.

Moretti, Franco. 1996. *Modern epic. The world-system from Goethe to García Márquez*. London: Verso.

Moretti, Franco. 2000. Conjunctures on world literature. *New Left Review* 1: 54–68.

Murra, John. 1996. Semblanza de Arguedas. In *Las cartas de Arguedas*, ed. John Murra and Mercedes López Baralt, 283–298. Lima: PUCP.

Nauss Millay, Amy. 2005. *Voices from the fuente viva: The effect of orality in twentieth-century Spanish American narrative*. Lewisburg: Bucknell University Press.

Nugent, José Guillermo. 1992. *El laberinto de la choledad*. Lima: Fundación Fiedrich Ebert.

Nugent, José Guillermo. 2011. El conflicto de las sensibilidades: el mercado y el cementerio como escenario en una novela de José María Arguedas. *Construyendo nuestra interculturalidad*, 6(7): 1–30.
Nugent, José Guillermo. Yo creo que Vargas Llosa siente que ha sido peruano en vano. In Silva Santisteban, Rocío, *La utopía arcaica*. "Encuentro de zorros" (interviews). http://w3.desco.org.pe/publicaciones/QH/QH/qh106rs. HTM. Accessed 18 Apr 2012.
O'Bryan-Knight, Jean. 1994. *The story of the storyteller: La tía Julia y el escribidor, Historia de Mayta and El hablador by Mario Vargas Llosa*. Amsterdam: Rodopi.
Ortega, Julio. Itinerario de José María Arguedas (Migración, peregrinaje y lenguaje en *El zorro de arriba y el zorro de abajo*). In *José María Arguedas. Hacia una poética migrante*, ed. Sergio R. Franco, 81–102. Pittsburg: University of Pittsburg.
Ortega, Julio. Vargas Llosa: el habla del mal. *Crítica de la identidad. La pregunta por el Perú en su literatura*, 169–177.
Ortega, Julio. 1988. Arguedas: Comunicación y modelo plural. In *Crítica de la identidad. La pregunta por el Perú en su literatura*, 126–164. México: Fondo de Cultura Económica, Col. Tierra Firme.
Ortega, Julio. 1991. Discurso del suicida. *Una poética del cambio*, 268–273. Caracas: Biblioteca Ayacucho.
Oviedo, José Miguel. 1982. *Mario Vargas Llosa. La invención de una realidad*. Barcelona: Seix Barral.
Oviedo, José Miguel. 1987. *Escrito al margen*. Puebla: Premiá Editora.
Oviedo, José Miguel. 2007. *Dossier Vargas Llosa*. Lima: Taurus.
Parker, Andrew. 1999. Bogeyman: Anderson's derivative discourse. *Diacritics* 29(4): 40–57.
Perilli, Carmen. 2007. Representaciones de los '70 a los '90. Un combate para armar: Mario Vargas Llosa y Ángel Rama. *Telar*: 69–85.
Perus, Françoise. 2005. ¿Qué nos dice hoy *La ciudad letrada* de Ángel Rama? *Revista Iberoamericana* 71: 363–372.
Poblete, Juan. 2002. Trayectoria crítica de Ángel Rama: la dialéctica de la producción cultural entre autores y públicos. In *Estudios y otras prácticas intelectuales latinoamericanas en cultura y poder*, ed. Daniel Mato, 2–12. Caracas: CLACSO.
Portocarrero, Gonzalo. 2005. Luchar por la descolonización sin rabia ni vergüenza: el legado pendiente de José María Arguedas. In *Arguedas y el Perú de hoy*, ed. Gonzalo Portocarrero and Cecilia Carrera, 25–42. Lima: Sur/Casa de Estudios del Socialismo.
Portocarrero, Gonzalo. 2006. Aproximaciones a *Todas las sangres*. 1 May 2006. http://gonzaloportocarrero.blogsome.com/2006/06/01/todas-las-sangres/. Accessed 9 Aug 2012.
Portocarrero, Gonzalo. Melanie Klein desde el Perú. Relevancia de la obra de Melanie Klein para las Ciencias Sociales: una apreciación desde el Perú. http://

gonzaloportocarrero.blogsome.com/2005/09/11/melanie-klein-desde-el-peru/#comments/. Accessed 30 Apr 2013.
Portugal, José Alberto. 2007. *Las novelas de José María Arguedas: Una incursión en lo inarticulado*. Lima: Editorial Fondo PUCP.
Portugal, José Alberto. 2010. AGON: La imaginación melodramática de José María Arguedas. *Revista de Critica Literaria Latinoamericana* 36(72): 253–276.
Prakash, Gyan. Los estudios de la subalternidad como crítica post-colonial. In *Debates Post Coloniales: Una introducción a los estudios de la subalternidad*, ed. Silvia Rivera-Cusicanqui and Rossana Barragán, 293–313.
Primer encuentro de narradores peruanos, Arequipa, 1965. Lima: Casa de la Cultura del Perú, 1969.
Quijano, Aníbal. 1980. *Dominación y cultura. Lo cholo y el conflicto cultural en el Perú*. Lima: Mosca Sur Editores.
Quijano, Aníbal. 2000. Colonialidad del poder y clasificación social. *Journal of World-Systems Research* 11(2): 343–387.
Quijano, Aníbal. De Aníbal Quijano a José M. Oviedo. En torno a un diálogo. In *He vivido en vano?*, ed. Arguedas, et al., 71–77.
Rama, Ángel. 1976. José María Arguedas transculturador. Prólogo. In *Señores e indios*, ed. De José María Arguedas, 7–38. Buenos Aires: Calicanto.
Rama, Ángel. 1981. El 'boom' en perspectiva. In *Más allá del boom. Literatura y mercado*, ed. David Viñas and Ángel Rama, 51–110. México: Marcha Editores.
Rama, Ángel. 2012. *Writing across cultures: Narrative transculturation in Latin America*, ed. and trans. David Frye. Durham: Duke University Press.
Rama, Ángel, and Mario Vargas Llosa. 1973. *García Márquez y la problemática de la novela*. Buenos Aires: Corregidor.
Rancière, Jacques. 1998. *Mute speech*. New York: Columbia University Press.
Rancière, Jacques. 2000. *The politics of aesthetics. The distribution of the sensible*. London/New York: Continuum.
Ratto, Luis Alberto. Los problemas de la imbibición en José María Arguedas. *Runa* 1 (March): 3–5
Ray, Elena Aibar. 1992. *Identidad y resistencia cultural en las obras de José María Arguedas*. Lima: Pontificia Universidad Católica del Perú.
Reid, B.L. 1976. *The lives of Roger Casement*. New Haven: Yale University Press.
Rincón, Carlos. 1971. Para un plano de batalla de combate por una nueva crítica literaria en Latinoamérica. *Casa de las Américas* 11(67): 57.
Rivera-Cuscanqui, Silvia. 1984. *Oprimidos pero no vencidos: Luchas del campesinado aymara y qhechwa de Bolivia, 1900–1980*. La Paz: CSUTCB.
Rivera-Cuscanqui, Silvia, and Rossana Barragán (eds.). 1997. *Debates Post Coloniales: Una introducción a los estudios de la subalternidad*. La Paz: Editorial historias/Aruwiyri/SEPHIS.

Rivera-Díaz, Fernando. 2011. *Dar la palabra. Ética, política y poética de la escritura de José María Arguedas*. Madrid: Iberoamericana/Vervuert.
Rivera-Díaz, Fernando. El zorro en el espejo. Poética narrativa y discurso autobiográfico. In *José María Arguedas: hacia una poética migrante*, ed. Sergio R. Franco, 177–196. Pittsburgh: Instituto Internacional de Literatura Iberoamericana.
Rivera-Pagán, Luis N. 2000. Theology and literature in Latin America: John A Mackay and the other Spanish Christ. *Journal of Hispanic/Latino Theology* 7(4): 7–25.
Rowe, William. 1979. *Mito e ideología en la obra de José María Arguedas*. Lima: Instituto Nacional de Cultura.
Rowe, William. 1985. Arguedas y los críticos. *Hueso húmero* 19: 149–157.
Rowe, William. 1992. Liberalism and authority: The case of Mario Vargas Llosa. In *On edge: The crisis of contemporary Latin American culture*, ed. George Yúdice, Jean Franco, and Juan Flores, 45–64. Minneapolis: University of Minnesota Press.
Rowe, William. 1996a. Música, conocimiento y transformación social. *Ensayos arguedianos*, 59–76. Lima: Sur y Universidad de San Marcos.
Rowe, William. 1996b. El novelista y el antropólogo frente al lenguaje: Asimetrías y convergencias. *Ensayos arguedianos*, 101–116. Lima: Sur y Universidad de San Marcos.
Rowe, William. 1996c. Vargas Llosa y el lugar de enunciación autoritario. In *Hacia una poética radical. Ensayos de hermenéutica cultural*, 65–78. Buenos Aires: Beatriz Viterbo Editora.
Rowe, William. 2006. El lugar de la muerte en la creación del sujeto de la escritura. In *José María Arguedas: Hacia una poética migrante*, ed. Sergio R. Franco, 167–175.
Rowe, William. A propósito de 'La utopía arcaica' (Interviews with Rocío Silva Santisteban). http://w3.desco.org.pe/publicaciones/QH/QH/qh106rs.HTM. Accessed 18 Apr 2012.
Rutherford, Jonathan. The Third Space. Interview with Homi Bhabha. In *Identity: Community, culture, difference*, 207–221. London: Lawrence and Wishart.
Sales, Dora. 2004. *Puentes sobre el mundo: Cultura, traducción y forma literaria en las narrativas de transculturación de José María Arguedas y Vikram Chandra*. New York: Peter Lang.
Sales, Dora (ed.). 2009. *José María Arguedas*. In *Qepa wiñaq... Siempre. Literatura y antropología*. Madrid/Frankfurt: Iberoamericana/Vervuert.
Sánchez López, Pablo. Revisión de la polémica entre Ángel Rama y Mario Vargas Llosa. In *XIX Coloquio Internacional de Literatura Mexicana e Hispanoamericana*, ed. Alma Leticia Martínez Figueroa, 321–333. México: Universidad de Sonora, Departamento de Letras y Lingüística.

Sánchez Prado, Ignacio (ed.). 2006. *América Latina en la "literatura mundial"*. Pittsburgh: IILI, Biblioteca de América.
Sandoval, Ciro, and Sandra M. Boschetto-Sandoval (eds.). 1998. *José María Arguedas*. Columbus: Ohio University Press.
Sanjinés, Javier. 2004. Hernán Vidal y el modelo de 'cultura nacional': reflexiones en torno al caso andino. http://lasa.international.pitt.edu/members/congresspapers/lasa2004/files/SanjinesJavier.pdf. Accessed 20 Jun 2012.
Sarlo, Beatriz. 1991. Estética y pospolítica; un recorrido de Fujimori a la Guerra del Golfo. In *Cultura y pospolítica: El debate sobre la modernidad en América Latina*, ed. Néstor García Canclini, 309–324. México: Consejo Nacional para la Cultura y las Artes.
Sarlo, Beatriz. 1994. Basuras culturales, simulacros políticos. In *Modernidad en la periferia. Enfoques culturales de la nueva teoría cultural*, ed. Herman Herlinghaus and Monika Walter, 223–232. Berlin: Langer Verlag.
Sartre, Jean Paul. 1967. *What Is Literature?* Trans. Bernard Frechtman. London: Routledge.
Schirová, Klára. 2004. *Todas las sangres*: la utopía peruana. In *Arguedas en el corazón de Europa*, ed. Anna Housková, Jana Hermuthová, y Klára Schirová, 95–143. Instituto de Estudios Románicos, Facultad de Filosofía y Letras, Universidad Carolina de Praga.
Schmidt-Welle, Friedhelm (ed.). 2002. *Antonio Cornejo Polar y los estudios latinoamericanos*. Pittsburgh: Instituto Internacional de Literatura Iberoamericana, Serie Críticas.
Silva Santisteban, Rocío. *La utopía arcaica*. "Encuentro de zorros" (interviews). http://w3.desco.org.pe/publicaciones/QH/QH/qh106rs.HTM. Accessed 18 Apr 2012.
Simmel, Georg. 1978. *The philosophy of money*. London: Routledge & Kegan.
Sloterdijk, Peter. 2010. *Rage and time. A psychopolitical investigation*. New York: Columbia University Press.
Sobrevilla, David. 1991. La nueva teoría de la novela de Vargas Llosa. *Cuadernos Hispanoamericanos* 496: 59–72.
Sommer, Doris. 1996. About-face: The talker turns. *Boundary* 2.23.1 (Spring): 91–133.
Sommer, Doris. 1999. Be-longing and bi-lingual states. *Diacritics* 29(4): 84–115.
Sommer, Doris. 2000. A vindication of double consciousness. In *A companion to postcolonial studies*, ed. Henry Schwarz and Sangelta Ray, 165–179. Malden: Blackwell Publishers.
Spitta, Silvia. 1995. *Between two waters. Narratives of transculturation in Latin America*. Houston: Rice University Press.
Spivak, Gayatri. 2012. *An aesthetic education in the era of globalization*. Cambridge, MA: Harvard University Press.
Standish, Peter. 1991. Vargas Llosa's parrot. *Hispanic Review* 59(2): 143–151.

Stavenhagen, Rodolfo. 1965. Classes, colonialism and acculturation. *Studies in Comparative International Development* 1(7): 53–77.
Strathern, Marilyn. 1987. The limits of auto-anthropology. In *Anthropology at home*, ed. Anthony Jackson, 16–37. New York: ASA, Monographs.
Sulmont, Denis, and Alberto Flores Galindo. 1972. *El movimiento obrero en la industria pesquera. El caso de Chimbote*. Lima: Taller Urbano Industrial, Pontificia Universidad Católica del Perú.
Tarica, Estelle. 2006. El 'decir limpio' de Arguedas: la voz bilingüe, 1940–1958. In *José María Arguedas: Hacia una poética migrante*, ed. Sergio R. Franco. Pittsburgh: IILI.
Thrift, Nigel. 2004. Intensities of feeling: Toward a spatial politics of affect. *Geografiska Annaler* 86(1): 57–78.
Van Delden, Maarten. 2009. The private and the public. Mario Vargas Llosa on literature and politics. In *Gunshots at the fiesta. Literature and politics in Latin America*, ed. Maarten Van Delden and Ivon Grenier, 195–214. Nashville: Vanderbilt University Press.
Vargas Llosa, Mario. "Después del informe: Conversaciones sobre Uchuraccay". Interview with Alberto Bonilla, *Caretas*, #738 (Lima, March 7, 1983) included in Mario Vargas Llosa's *Contraviento y Marea III*. Lima: Peisa, 1990. 149–150.
Vargas Llosa, Mario. 1958. Crónica de un viaje a la selva. *Cultura Peruana* 18.123: N.p.
Vargas Llosa, Mario. 1963. *La ciudad y los perros*. Barcelona: Seix Barral.
Vargas Llosa, Mario. 1965. *La casa verde*. Barcelona: Seix Barral.
Vargas Llosa, Mario. 1966. *The Time of the Hero*. Trans. Lysander Kemp. New York: Grove Press.
Vargas Llosa, Mario. 1967. *Los cachorros*. Barcelona: Editorial Lumen.
Vargas Llosa, Mario. 1968. *The Green House*. Trans. Gregory Rabassa. New York: Harper and Row.
Vargas Llosa, Mario. 1969. *Conversación en La Catedral*. Seix Barral: Barcelona.
Vargas Llosa, Mario. 1971a. *García Márquez: Historia de un deicidio*. Barcelona/Caracas: Barral/Monte Ávila.
Vargas Llosa, Mario. 1971b. *Historia secreta de una novela*. Barcelona: Seix Barral.
Vargas Llosa, Mario. 1973. *Pantaleón y las visitadoras*. Barcelona: Seix Barral.
Vargas Llosa, Mario. 1974a. *Conversation in the Cathedral*. Trans. Gregory Rabassa. New York: Harper & Row.
Vargas Llosa, Mario. 1974b. La novela. *Cuadernos de literatura* 2. Montevideo: Fundación de Cultura Universitaria.
Vargas Llosa, Mario. 1975. *La orgía perpetua: Flaubert y Madame Bovary*. Barcelona: Seix Barral.
Vargas Llosa, Mario. 1977. *La tía Julia y el escribidor*. Barcelona: Seix Barral.

Vargas Llosa, Mario. 1978a. *José María Arguedas, entre sapos y halcones*. Madrid: Ed. Cultura Hispánica.
Vargas Llosa, Mario. 1978b. *Captain Pantoja and the special service*. Trans. Gregory Kolovakos and Ronald Christ. New York: Harper & Row.
Vargas Llosa, Mario. 1979. *The cubs and other stories*. Trans. Gregory Kolovakos and Ronald Christ. New York: Harper & Row.
Vargas Llosa, Mario. 1980. Literatura y suicidio: El caso Arguedas (*El zorro de arriba y el zorro de abajo*). *Revista Iberoamericana* 110–111 (January–June 1980): 5–28.
Vargas Llosa, Mario. 1981. *La guerra del fin del mundo*. Barcelona: Seix Barral.
Vargas Llosa, Mario. 1982. *Aunt Julia and the Scriptwriter*. Trans. Helen R. Lane. New York: Farrar, Straus and Giroux.
Vargas Llosa, Mario. 1983a. *Contra viento y marea I. 1962–1982*. Barcelona: Seix Barral.
Vargas Llosa, Mario. 1983b. *Kathie y el hipopótamo*. Barcelona: Seix Barral.
Vargas Llosa, Mario. 1983c. Abraham Guzmán Figueroa y Mario Castro Arenas. *Informe de la comisión investigadora de los sucesos de Uchuraccay*. Lima: Editora Perú.
Vargas Llosa, Mario. 1984a. *Historia de Mayta*. Barcelona: Seix Barral.
Vargas Llosa, Mario. 1984b. *The War of the End of the World*. Trans. Helen R. Lane. New York: Farrar, Straus and Giroux.
Vargas Llosa, Mario. 1986a. Ángel Rama: la pasión y la crítica. *Contra viento y marea*, II, 376–380. Barcelona: Seix Barral.
Vargas Llosa, Mario. 1986b. *The Perpetual Orgy: Flaubert and Madame Bovary*. Trans. Helen Lane. New York: Farrar, Straus and Giroux.
Vargas Llosa, Mario. 1986c. *¿Quién mató a Palomino Molero?* Barcelona: Seix Barral.
Vargas Llosa, Mario. 1986d. *The Real Life of Alejandro Mayta*. Trans. Alfred MacAdam. New York: Farrar, Straus and Giroux.
Vargas Llosa, Mario. 1987. *Who Killed Palomino Molero?* Trans. Alfred MacAdam. New York: Farrar, Straus and Giroux.
Vargas Llosa, Mario. 1988. *Elogio de la madrastra*. Barcelona: Tusquets.
Vargas Llosa, Mario. 1989. *The Storyteller*. Trans. Helen Lane. New York: Farrar, Straus and Giroux.
Vargas Llosa, Mario. 1990a. Questions of conquest: What Columbus wrought, and what he did not. *Harper's Magazine*, December. http://harpers.org/archive/1990/12/0007669. Accessed 4 May 2012.
Vargas Llosa, Mario. 1990b. Sangre y mugre de Uchuraccay. *Contra viento y marea* III, 85–226. Barcelona: Seix Barral.
Vargas Llosa, Mario. 1990c. *La verdad de las mentiras*. Barcelona: Seix Barral.
Vargas Llosa, Mario. 1993a. *Carta de batalla por Tirant lo Blanc*. Madrid: Punto de lectura.

Vargas Llosa, Mario. 1993b. *Lituma en los Andes*. Barcelona: Planeta.
Vargas Llosa, Mario. 1993c. *El pez en el agua: memorias*. Barcelona: Seix Barral.
Vargas Llosa, Mario. 1994a. *Desafíos a la libertad*. Madrid: El País/Aguilar.
Vargas Llosa, Mario. 1994b. *A Fish in the Water: A Memoir*. Trans. Helen Lane. New York: Farrar, Straus and Giroux.
Vargas Llosa, Mario. 1996a. *La utopía arcaica: José María Arguedas y las ficciones del indigenismo*. Buenos Aires: Fondo de Cultura Económica.
Vargas Llosa, Mario. 1996b. *Death in the Andes*. Trans. Edith Grossman. New York: Farrar, Straus and Giroux.
Vargas Llosa, Mario. 1996c. *Making Waves: Essays*. Ed. and Trans. John King. London: Faber.
Vargas Llosa, Mario. 1997a. *Cartas a un joven novelista*. Barcelona: Ariel/Planeta.
Vargas Llosa, Mario. 1997b. *El hablador*. Barcelona: Seix Barral.
Vargas Llosa, Mario. 2001. *The Feast of the Goat*. Trans. Edith Grossman. New York: Farrar, Straus and Giroux.
Vargas Llosa, Mario. 2002. *Letters to a Young Novelist*. Trans. Natasha Wimmer. New York: Farrar Straus Giroux.
Vargas Llosa, Mario. 2003a. *The Language of Passion*. Trans. Natasha Wimmer. New York: Farrar Straus Giroux.
Vargas Llosa, Mario. 2003b. *The Way to Paradise*. Trans. Natasha Wimmer. New York: Farrar Straus Giroux.
Vargas Llosa, Mario. 2003c. *El paraíso en la otra esquina*. Bogotá: Alfaguara.
Vargas Llosa, Mario. 2005. *El lenguaje de la pasión*. Madrid: Alfaguara.
Vargas Llosa, Mario. 2006a. *Obra reunida. Teatro*. México: Alfaguara.
Vargas Llosa, Mario. 2006b. *Travesuras de la niña mala*. Madrid: Alfaguara.
Vargas Llosa, Mario. 2007. *The Bad Girl*. Trans. Edith Grossman. New York: Farrar Straus Giroux.
Vargas Llosa, Mario. 2010a. Breve discurso sobre la cultura. *Letras libres*. July.
Vargas Llosa, Mario. 2010b. *El sueño del celta*. Nueva York: Alfaguara.
Vargas Llosa, Mario. 2012. *La civilización del espectáculo*. Buenos Aires: Alfaguara.
Vargas Llosa, Mario. 1984. La literatura es fuego. *Contra viento y marea* I. 132–137.
Vargas Llosa, Mario. Sebastián Salazar Bondy y la vocación del escritor en el Perú. *Contra viento y marea* I. 85–113.
Vidal, Hernán. 1976. *Literatura hispanoamericana e ideología liberal: surgimiento y crisis (Una problemática sobre la dependencia en torno a la narrativa del "Boom")*. Buenos Aires: Ed. Hispamérica.
Viñas, David. 1981. Pareceres y digresiones en torno a la nueva narrativa latinoamericana. In *Más allá del boom. Literatura y mercado*, ed. David Viñas, Ángel Rama, et al., 13–50. México: Marcha Editores.

Volpi, Jorge. 2012. El último de los Mohicanos. *El País*, April 27. http://elpais.com/elpais/2012/04/18/opinion/1334759323_081415.html. Accessed 4 Nov 2012.

Ward, Thomas. 2004. Arguedas: su alabanza del mestizo cultural. *La resistencia cultural: la nación en el ensayo de las Américas*. Lima: Universidad Ricardo Palma/Editorial Universitaria.

Williams, Raymond L. 2001. *Vargas Llosa. Otra historia de un deicidio*. México: Taurus.

Wittgenstein, Ludwig. 1961. *Tractatus logico-philosophicus*. New York: Humanities Press.

Wolf-McGuire, John. 2000. *The postmodern turn in Vargas Llosa. Historia de Mayta, El hablador, Lituma en los Andes*. Disertación. Universidad de California, Santa Barbara.

Žižek, Slavoj. 2008. *Violence*. New York: Picador.

Index

A
Affect, 1, 2, 4, 8, 14, 19, 59, 70, 88, 89, 99n8, 101n23, 113, 120, 121, 123, 133, 137, 141, 148–52, 157n8, 161n29, 162n32, 163, 205, 206, 209, 213n3, 218n23, 222, 228, 238, 239
Alegría, Ciro, 169
Anderson, Benedict, 227, 230, 232, 233, 236
Archaism [as a floating signifier, 39–68
Archibald, Priscilla, 60, 102n26
Arguedas, José María
  The Agony of Rasu Nity, 84, 247n13
  All Bloods,
  Deep Rivers, 27, 71, 79, 80, 147
  Diamonds and Flint,
  El Sexto Prison, 59
  The Fox from up Above and the Fox from Down Below, 46, 69, 96, 97
  "I am not an Acculturated Man," 120, 121, 134

Water, 100n13
Yawar Fiesta, 60, 61, 73, 123, 141, 156n3, 247n14
Asturias, Miguel Angel [Men of Maiz], 51
Ayacucho, 17, 18, 139

B
Barbarism, 16–18, 25, 31, 32, 36n27, 42, 47, 64n7, 94, 106, 111, 116, 117, 127n12, 175, 207
Baudrillard, Jean, 156n1, 213
Beasley-Murray, Jon, 96, 102n30, 127n14, 161n29
Belaúnde Terry, Fernando, 17
Benedetti, Mario, 21, 24, 35n15, 170, 233, 247n10
Bernabé, Mónica, 100n16
Bhabha, Homi [*The Location of Culture*], 76, 77, 81, 82
Biopolitics, 1, 15, 70, 97, 219n32, 236
Blanchot, Maurice, 239, 240

© The Editor(s) (if applicable) and The Author(s) 2016   269
M. Moraña, *Arguedas / Vargas Llosa*,
DOI 10.1057/978-1-137-57187-8

Boom, 15, 16, 27, 28, 33n5, 35n13, 36n25, 37n29, 42, 44, 77, 108, 154, 162n33, 171, 174, 181–3, 201, 215n12
Borges, Jorge Luis
"Doctor Brodie's Report," 66n17
"Pierre Menard Author of the Quixoje," 66n17
Bourdieu, Pierre, 21, 35n20, 36n20, 156n1, 186
Braudel, Maurice, 91
Brooks, Peter, 206, 207, 210

C
Camus, Albert, 34n9, 43, 112, 167, 169, 177, 214n6–7
capitalism, 31, 32, 34n8, 61, 62, 85, 93, 97, 98, 103, 118, 121, 135, 137, 144, 154, 157n9, 158n10, 161n26, 167, 191, 213n2, 219n32, 231, 232, 236, 238, 246n1
Carpentier, Alejo, 21
Castilian language, 16, 89, 100n13, 103, 180, 225
Castro, Fidel, 11n7, 16, 34n6, 114, 179
Castro-Klaren, Sara, 52, 53, 55, 94, 99n8, 100n11, 101n23, 150, 156n6, 161n30, 216n18
Cerro de Pasco, 139
Chimbote, 61, 62, 93, 94, 96–8, 102n27, 124, 135, 143, 237
cholo, 60, 68n24, 79, 144, 148, 151, 152, 161n26, 231
Civilization, 31, 36n27, 111, 116, 119, 181
class, 2, 9, 13, 19, 26, 33n2, 34n8, 36n26, 40, 59, 60, 63n2, 67n21, 68n24, 82, 83, 86, 97, 101n20, 105, 113, 117, 133–9, 143–5, 148, 151, 158n10, 158n12, 167, 170, 173, 192, 193, 209, 210, 212, 223, 242

Cold War, 2, 32, 44, 221
Collazos, Oscar, 174–6, 215n10
Colonialism, Coloniality, postcolonialism, 9, 14, 26, 32, 41, 48, 50, 53, 60, 61, 64n8, 65n10, 67n24, 69–70, 92, 104, 138, 147, 148, 154, 158n10, 161n27, 164, 175, 200, 221, 228, 229, 231, 233
Conquest, 4, 48–50, 66n14, 75, 121, 158n10, 159n18, 231
Cornejo Polar, Antonio, 5, 8, 9, 11n5, 11n6, 32n1, 57, 61, 63n1, 63n4, 64, 64n8, 72, 84, 85, 98, 100n11, 103, 104, 125n1, 126n2, 126n6, 132, 149, 160n23, 188, 194, 195, 215n9, 237, 238, 244, 247n13, 248n17
Cortázar, Julio [Rayuela], 27, 29–31, 33n6, 35n13, 36n25, 47, 114, 174–6, 215n10
Creole [---culture], 40, 59, 73, 124, 131, 140, 197, 231
Cueto, Alonso, 207, 211
Culler, Jonathan, 227, 229, 230, 233, 246n8
Culture
dominant, 39, 53, 57, 73, 105, 108, 120, 124, 138, 145, 225
high, 22, 110, 118, 122, 127n12, 152, 180, 197
mass, 30, 31, 131
popular, 9, 27, 31, 102n29, 110, 118, 119, 122, 127n12, 129, 136, 220n41

D
Da Cunha, Euclides [Os sertoes], 193–4
death, 34n6, 34n8, 75, 84, 86, 94, 95, 97, 98, 124, 159n15, 166, 213, 217n20, 221–48

Degregori, Carlos Iván, 11n7, 25–7, 35n12, 36n22, 117, 126n4, 157n8, 246n4
De las Casas, Bartolomé, 145
Deleuze [and Guattari, 2, 4, 97, 239
De Man, Paul, 118
dependency theory, 136–8, 157n9
Derrida, Jacques, 118
difference, 4, 8, 9, 14, 19, 27, 51, 57, 60, 64n7, 69n20, 72, 77, 81, 83, 111, 130, 148, 151, 155, 206, 210, 223, 225, 229, 232, 242, 245
Diglossia, 69, 244
Dilemma, 2, 7–10, 13–37, 47, 48, 50, 51, 53, 57, 69–102, 129, 151, 153, 162n32, 174, 177, 206, 218n23, 222, 228, 229, 237, 238
double bind, 2, 7–9, 10n3, 11n4, 17, 29, 31, 32, 47–50, 71, 72, 74, 92, 95, 109, 138, 151, 153, 174, 177, 185, 196, 225, 229, 234, 237, 238, 243, 244
Dussel, Enrique, 66n12, 158n12

E
Escobar, Alberto, 61, 68n25, 72–4, 76, 93, 99n2, 99n8–10, 100n12–13, 144, 160n20, 160n22
essentialism, 7, 56, 71, 82, 131, 151, 152, 160n21, 238
ethnicity, 2, 13, 15, 25, 26, 67n21, 84, 86, 113, 134, 138
ethnography, 53, 55, 59, 66n18, 67n21, 109, 140, 231

F
farce, 163, 192, 201, 202, 204, 205, 229
Faulkner, William, 34n8, 46, 171, 173, 177
Flaubert, Gustave, 43, 112, 173, 193

Flores Galindo, Alberto [Buscando un Inca, 35n12, 160n22
Foucault, Michel, 118
Franco, Jean
"Alien to Modernity," 18, 35n10, 35n13
Critical passions, 197, 217n21
The Decline and Fall of the Lettered City, 31
Franco, Sergio R., 35n10, 35n13, 35n19, 66n18, 114, 126n5, 162n30, 162n34, 219n31, 220n38
Fuentes, Carlos, 27, 33n13, 35n25, 36, 191, 205
Fujimori, Alberto, 25, 114, 115, 127n11, 209

G
García, Alan, 25, 117, 226
García Canclini, Néstor, 8
García Márquez, Gabriel, 27, 36n25, 43, 112, 177, 180, 216n15, 217n21
Garcilaso de la Vega, Inca, 71
Gaugin, Paul, 112, 199, 200
gender, 3, 40, 50, 60, 86, 133, 151, 156n5, 210, 223
genres, 2, 75, 78, 91, 93, 123, 124, 140, 189, 197, 201, 206, 208, 227
globalization, 2, 7, 78, 125, 182, 245
González Casanova, Pablo, 138, 158n10
González Echeverría, Roberto, 228, 229, 235
Gramsci, Antonio, 120
Gutiérrez, Gustavo, 5, 80, 158n12

H
Hegel, 20
heterogeneity, 8, 9, 11n4–6, 17, 49, 57, 60, 78, 96, 97, 106, 130, 133, 142, 146, 147, 150, 172, 210, 231, 237

Hispanic, pre-Hispanic, 9, 19, 40, 41, 49, 50, 53, 90, 96, 120, 122, 125, 129, 142, 222, 232, 237
Humala, Ollanta,
hybrid, hybridity, hybridization, 8, 11n4, 14, 52, 61, 63n4, 70–2, 75–7, 80–2, 91, 93, 100n15, 108, 120–2, 126n3, 129, 134, 140, 144, 146–9, 156n3, 172, 196, 220n41, 231, 236, 243, 244

I
identity, 2, 3, 7, 9, 14, 15, 40, 41, 50–2, 54, 57, 58, 66n17, 72, 79, 106, 111, 122, 130, 131, 134, 151, 184–6, 196, 202, 203, 207, 208, 211, 225, 227, 229, 234, 238, 245, 246n8
ideology, 1, 16, 21, 23, 26, 29, 31, 41, 48, 52, 64n5, 66n20, 97, 106, 112, 147, 151, 153, 156n5, 162n32, 180, 193, 194, 212, 214n7, 217n22, 222, 224, 225, 233, 238, 241
Inca, 5, 35n12, 41, 57, 71, 77, 120, 125, 160n22, 231
indigenismo, 11n5, 42, 134, 197
Intellectual
'imaginary intellectual,' 234
intellectual hero, 9
and the media, 113
model intellectual, 13–37
public intellectual, 17, 107, 113, 225, 227, 235
superstar, 23

J
Jameson, Fredric, 153, 154, 197, 246n1

K
Kafka, Franz, 46, 55, 111, 171, 230, 233
Klein, Melanie, 65n10
knowledge [local---], 2, 58, 95
Kokotovic, Misha, 11n7, 16, 34n9, 35n12, 48, 49, 65n9, 100n11, 159n20
Kristal, Efraín, 11n7, 34n6, 192, 193, 198, 216n18, 219n33

L
language [as a battlefield,---and acculturation, 2, 69–128
Larsen, Neil, 35n19, 167, 188, 195, 211, 212, 214n5, 220n38
Lauer, Mirko, 26, 35n12, 35n16, 107, 112, 126n4, 134, 184
Legras, Horacio, 244, 247n14, 248n17
Levinas, Emmanuel, 51, 66n12
Lévi-Strauss, Claude
  The Savage Mind, 87
  Tristes Tropiques, 52
liberalism, 2, 25, 29, 37n29, 59, 63n4, 106, 107, 126n4, 184, 193, 232
Lienhard, Martín, 72, 96, 98n1, 102n29, 124, 128n17, 141, 142, 159n18, 241
Lihn, Enrique, 13, 32n1, 33n1, 244

M
magical realism, 8, 11n4, 27, 172, 210
Mann, Thomas, 112
Mariátegui, José Carlos, 5, 44, 82, 87, 104, 114, 125, 134, 144, 149, 153, 157n7, 160n22, 161n27, 171, 248n17
material culture, 132, 155n1

INDEX 273

Mayer, Enrique, 20, 35n10, 35n12, 51, 219n32, 244
melodrama, 126, 163–220
Mestizo [mestizaje, 144, 159n20
Mignolo, Walter, 138, 158n11
Millones, Luis, 129, 159n16
mimicry, 55, 64n7, 76, 77, 83, 149, 197, 202, 230
miscegenation, 73, 79, 81, 125, 142, 144, 152
mistis, 73, 78, 79, 122
modernity
  peripheral modernity, 26, 142
  post-modernism, 44
  post modernity, 7, 14, 71, 76, 245
modernization, 2, 8, 19, 29, 31, 49, 57, 63n1, 63n4, 65n9, 86, 90, 101n21, 103, 104, 129, 139, 142, 143, 170, 192, 193, 217n21, 222, 229, 233, 237
Montoya, Rodrigo, 63n3, 64n6, 67n21, 120
Moore, Melissa, 60, 86, 91, 101n20, 102n25–6, 152, 156n3, 160n24, 161n26
Moreiras, Alberto, 11n4, 62, 66n20, 68n26, 99n6, 234, 235, 237, 238, 244, 247n11
Moro, César, 114, 216n18

N
narcissism, 95, 103–28
Nation [modern--], 5, 54, 77, 111, 120, 125, 197, 230, 232
Neruda, Pablo, 21, 114
Nobel Prize, 4, 9, 45, 48, 103, 118, 221–48
Nugent, José Guillermo, 62, 161n26

O
occidentalism, 10, 15, 133, 140, 147, 184
Odría, Manuel Arturo, 37n30, 169, 170
Onetti, Juan Carlos, 112, 114
Ortega, Julio, 94, 156n4, 188, 191, 209, 210, 218n25, 220n41
Ortiz, Fernando, 8, 127n15
otherness, 19, 54, 71, 81, 105, 106, 111, 149, 163–220, 224, 227, 229, 237

P
pachacuti, 58, 95, 98, 153
Padilla, Heberto, 11n7, 16, 33n6, 34n6, 179, 193
performance, 1, 24, 51, 69, 72, 81, 109, 116, 129, 163, 195, 201, 206, 209, 225, 230, 232, 242
periphery, peripheral society, 3, 8, 52, 55, 105, 122, 137, 144, 154, 157n9, 202, 225, 227, 233
Peru, 5, 13, 16–18, 20, 25, 26, 32, 35n10, 36n22, 37n30, 45, 48, 49, 51, 53, 58, 61, 65n10, 67n22, 85, 90, 93, 94, 101n21, 107, 112, 114, 115, 117, 120, 125, 126n6, 136, 139, 140, 143, 144, 147–9, 159, 160n23, 161n26, 165–7, 170, 177, 184, 192, 199, 200, 211, 213n1, 215n8, 216n18, 225–7, 230, 233, 234, 241, 242, 244, 246n4, 2119n32
pishtacos, 198, 219n32
poetics [in Vargas Llosa, in Arguedas, 1, 55, 89, 90, 129–62, 190, 199, 201, 222, 227, 233, 236, 240, 245
political unconscious, 153, 154
Poma de Ayala, Guamán, 5

Ponce, Aníbal, 113
Portocarrero, Gonzalo, 65n10, 101n21
postcolonial, postcoloniality, postcolonialism, 2, 3, 7–9, 14, 19, 29, 32, 54, 55, 57, 62, 71, 72, 76, 81, 90, 92, 102n25, 109, 111, 138, 139, 147–9, 151, 157n7, 161n27, 193, 197, 202, 217n22, 222, 225, 229, 230, 237, 243
progress, 3, 14, 16, 19, 25, 40, 41, 44, 45, 48, 50, 53, 54, 70, 106, 134, 143, 167, 183, 184, 237
Puquio, 59, 67n23, 74, 125, 141, 159

Q
Quechua, 2, 14, 18, 37n30, 39, 47, 58, 59, 61, 62, 65n10, 72–9, 81, 88, 89, 96, 99n10, 100n12, 100n13, 102n28, 121–4, 139, 140, 151–3, 156n2, 159n17, 224, 225, 237–9, 244, 248n16
Quijano, Aníbal, 5, 60, 67n24, 68n24, 88, 90, 92, 102n25, 144, 148, 160n24, 161n26, 248n17

R
Race, 3, 9, 15, 19, 26, 30, 40, 63n2, 82–4, 96, 99n4, 133, 137, 138, 143, 146, 148, 151, 158n10, 173, 193, 223
Rama, Angel [*lettered city*, 18, 33n2, 56
Rancière, Jacques [The Politics of Aesthetics, 112
Ratto, Luis Alberto, 68n25, 73, 99n10
Reason [instrumental, 2, 87, 92, 120, 133, 134, 150

representation, 1, 7, 13, 18, 31, 32, 35n13, 42, 53, 56–61, 66n18, 67n21, 67n24, 71, 72, 74, 77–80, 82–7, 91, 93, 94, 97, 101n20, 105, 111, 118, 129, 131, 138, 144, 145, 147, 151, 153, 155, 156n4, 156n5, 164, 167, 172, 178, 185, 187–9, 193, 196, 197, 201, 205, 210–13, 221, 223–5, 227, 230, 232, 234–6
Revolution [Cuban, 4, 11n7, 15, 16, 21, 44, 136, 138, 139, 171, 177, 191
Rowe, William, 11n7, 51, 59, 98n1, 135, 195

S
Saer, Juan José, 226
Salazar Bondy, Sebastián, 57, 161n28, 165, 184, 213n1
Sanjinés, Javier, 63n4
Sartre, Jean Paul, 33n6, 34n9, 43, 109, 114, 167–9, 214n7, 240
Scorza, Manuel, 20
Shining Path, 16–18, 27, 35n12, 44, 64n7, 193, 198, 212, 234
Simulacrum, 19, 54–6, 71, 76, 116, 127n11, 163, 167, 185, 196, 199, 202, 203, 205, 212, 213, 230, 232
social change, 52, 65n9, 97, 102n25, 125, 129–62, 169, 171, 184, 187
Sommer, Doris, 51, 66n12 100n14, 232, 233
Spitta, Silvia, 100n13
Spivak, Gayatry [An Aesthetic Education..., 2, 7, 11n3
Stavenhagen, Rodolfo, 138, 158n10
Subject
national subject, 129–62

subjectivity, 1, 4, 7, 14, 24, 32, 39, 55, 58, 87–9, 92, 93, 95, 96, 132, 139–41, 144, 151, 152, 154, 178, 186, 189, 196, 207, 210, 222, 224, 227, 231, 235, 237, 243
Suicide, 4, 37n30, 45, 62, 95, 234, 235, 238–40, 246n1, 247n13

T
Tarica, Estelle, 68n25, 80, 100n17
terruco, 17, 35n11
Thatcher, Margaret, 16, 34n8
theology of liberation, 138, 158n12
third space, 10n3, 11n4, 71, 75, 77, 81, 82, 99n6, 100n15, 244
Tirant lo Blanc, 24, 43, 189, 210, 220n36
Torres, Camilo, 158n12
Tragedy [, 4, 18, 55, 153, 192, 195, 201, 229, 241, 247n14
Transculturation, 8, 11n4, 11n6, 29, 46, 62, 71, 76, 99n7, 121, 122, 128n15, 172, 185, 217n19, 238, 244, 247n13
truth, 19, 42, 92, 155, 163, 164

U
Uchuraccay, 17, 18, 20, 21, 26, 27, 35n12, 193, 198, 225, 226

V
Valcárcel, Luis, 55, 82, 143, 159n18, 160n20
Vallejo, César, 114, 171, 177, 215n14, 242
Vargas Llosa, Mario
   The Archaic Utopia, 42
   Aunt Julia and the Scriptwriter, 31
   The Bad Girl, 198
   Captain Pantoja and the Special Service, 126n6
   Conversation in the Cathedral, 31, 170
   The Cubs and Other Stories, 36n26
   Death in the Andes, 18
   The Dream of the Celt, 198, 199
   The Feast of the Goat, 198
   The Green House, 187
   Kathy and the Hippopotamus, 204
   Letters to a Young Novelist, 181
   Making Waves. Essays, 214n6, 214n7
   The Notebooks of Don Rigoberto, 211
   The Perpetual Orgy: Flaubert and Madame Bovary, 193
   In Praise of the Stepmother, 193
   "Questions of Conquest," 49, 50
   The Real Life of Alejandro Mayta, 31, 191
   The Storyteller, 18, 48, 55, 56, 108
   The Time of the Hero, 28, 103
   The War of the End of the World, 31, 219n30
   Who Killed Palomino Molero? Way to Paradise, 193
Velasco Alvarado, Juan, 23, 192
Vidal, Hernán, 28, 33n5, 36n27, 37n29, 42, 50, 63n4
violence
   physical, 29
   symbolic, 62, 186
Volpi, Jorge, 127n12

W
Wittgenstein, Ludwig, 70, 99n3
world literature, 4, 166, 213n2, 233, 246n1–2

Z
Zizek, Slavoj, 150, 162n31